人人伽利略系列 25

平方為負的神奇數

更加了解虛數

人人出版

人人伽利略系列 25

平方為負的神奇數

更加了解虛數

序言

4　每當遇到「無法回答的問題」，人們就會創造新的數
6　與虛數相關的數學家、物理學家歷史年表

1 虛數的誕生歷程

協助　礒田和美　　協助・撰文　木村俊一

10　自然數
12　零
14　負數
16　負數的乘法
18　有理數 ①～②
22　無理數
24　實數

26　Column 1　小數的表示法誕生於16世紀
28　Column 2　畢達哥拉斯認為有理數是數的一切
30　Column 3　古代美索不達米亞黏土版刻畫的 $\sqrt{2}$
32　Column 4　古人是這樣作平方根的圖
34　Column 5　證明 $\sqrt{2}$ 是無理數
35　Column 6　用分數表示 $\sqrt{2}$ 的方法——連分數
36　Column 7　何謂方程式？
38　Topics　實數的完成與無窮的概念

2 何謂虛數

協助　礒田和美／木村俊一

46　虛數是什麼？
48　解不開的問題
50　虛數的誕生 ①～②
54　虛數獲得市民權
56　Column 8　「二次方程式」不一定有實數解
　　Column 9　有4000年歷史的「二次方程式」
58　Column 10　以二次方程式的「公式解」求解
　　　　　　　卡當諾問題
60

62　Column 11　虛數誕生的契機是16世紀的
　　　　　　　「數學擂台」
66　Column 12　卡當諾喜歡賭博，還促成
　　　　　　　機率論發展
68　Q&A 1　複數平面為何又稱「高斯平面」？
69　Q&A 2　虛數能比較大小嗎？

3 虛數與複數

協助 礒田和美　　協助・撰文 木村俊一　　執筆 小谷善行

72	複數的表示方式
74	複數的加法
76	複數的乘法 ①～②
80	以虛數求解奇妙的謎題 ①～②
84	高斯與複數 ①～②
88	數擴張的終點站
90	Column 13 以複數平面確認「卡當諾問題」
91	Column 14 為什麼不是「負負得負」？
92	Column 15 複數的「極式」是什麼？
94	Column 16 在幾何學上運用複數平面
97	Column 17 複數平面的反轉與無窮遠點
98	Q&A 3 －1的四次方根、八次方根、十六次方根該如何計算？
100	Column 18 證明「代數基本定理」
104	Column 19 碎形與複數
106	Column 20 以複數的牛頓法求解碎形
108	Topics 黃金比例、正五邊形與複數

4 人類的至寶 歐拉公式

協助 礒田和美／木村俊一

118	三角函數
120	泰勒展開 ①～②
124	何謂虛數次方？
126	歐拉的兩個公式
128	π、i 與 e
130	鑑賞歐拉公式
132	為什麼歐拉公式重要？
134	Column 21 何謂三角函數？
136	Column 22 何謂自然對數的底數「e」？
138	Column 23 何謂圓周率「π」？
140	Column 24 為近代數學奠基的天才數學家歐拉

5 虛數與物理學

協助・撰文 和田純夫

144	光、天體與虛數
146	四維時空與虛數 ①～②
150	未知粒子與虛數
152	量子力學與虛數 ①～③
158	Q&A 4 為什麼不存在的虛數跟自然界有關？
160	Topics 量子力學與複數
166	Topics 小林－益川理論與虛數

每當遇到「無法回答的問題」，人們就會創造新的數

自古以來，人只要遇到「無法回答的問題」，就會產生新的數的概念。

在數當中，起源最古老的是1、2、3……等「自然數」（natural numbers），自然數是用來計數物體個數的概念，如一個蘋果、兩頭牛、三天的時間……等。

接著，人開始需要表示1和2之間的數、3和4之間的數，於是「兩倍為3的數」，亦即 $\frac{3}{2}$、「10十等分的結果」就是$0.1 = \frac{1}{10}$ 等就隨之誕生，也發明了可以用分數來表示的數，就是「有理數」（rational number）。有理數除了能計數物體的個數之外，還能表示長

1. 發現數（自然數）

1　2　3　4

2. 發現（正的）有理數

有理數是可用分子、分母為整數的分數表示的數。

$\frac{1}{7}$　$\frac{1}{2}$　　　　　$\frac{14}{5}$　等等

1　2　3　4

3. 發現（正的）無理數

加入無理數後，數列才全部填滿。

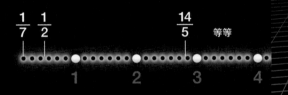

$\sqrt{2}$　$\frac{1+\sqrt{5}}{2}$　e　π　等等

1　2　3　4

4. 發現零、負數

正數、零、負數都屬於「實數」。

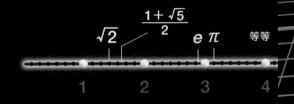

-4　-3　-2　-1　0　1　2　3　4

度、重量、體積等的「量」。

後來，發現了無法用分數表示的數（不是有理數的數），如 2 的平方根（$\sqrt{2}$）、黃金比例（$\frac{1+\sqrt{5}}{2}$）＝1.618……等「無理數」（irrational numbers）。如今，已經知道圓周率、自然對數（natural logarithm）的底數 e 等也是無理數。如果想以小數表示無理數，小數點後會出現不循環也不重複的數列。

後來又進一步將「零」、「負數」（負的數）視為數。並將包含正負數、零在內的有理數與無理數統稱為「實數」（real number）。如此一來，表示數的「數線」（number line，也稱數軸）就全部被填滿了。

然而，在數線外發現了其他的數，這就是本書的主題「虛數」（imaginary number）。虛

數是平方為負的數，這些超出常識的數分布在包含應已填滿之數線的平面上。實數和虛數統稱為「複數」（complex number）。

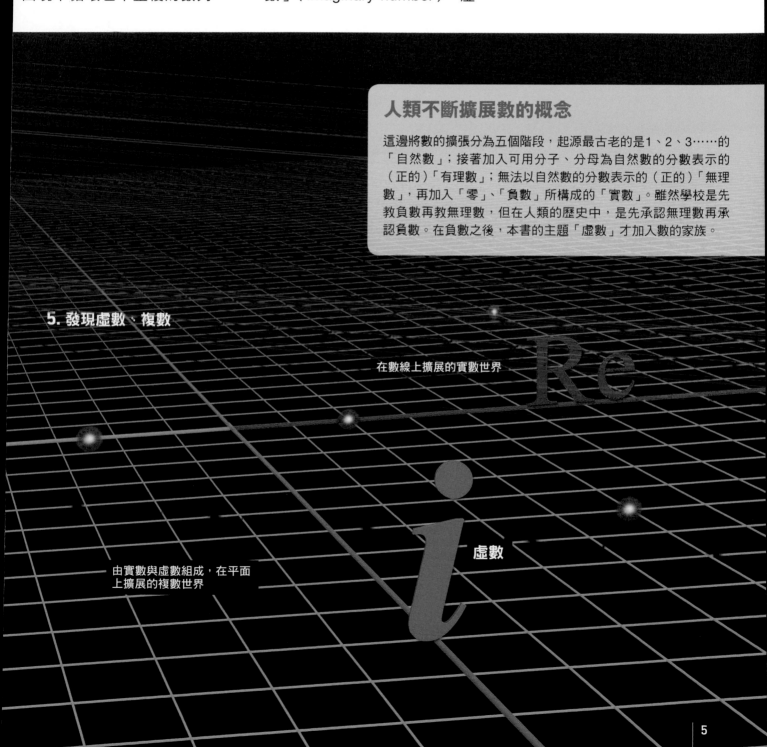

人類不斷擴展數的概念

這邊將數的擴張分為五個階段，起源最古老的是1、2、3……的「自然數」；接著加入可用分子、分母為自然數的分數表示的（正的）「有理數」；無法以自然數的分數表示的（正的）「無理數」，再加入「零」、「負數」所構成的「實數」。雖然學校是先教負數再教無理數，但在人類的歷史中，是先承認無理數再承認負數。在負數之後，本書的主題「虛數」才加入數的家族。

5. 發現虛數、複數

在數線上擴展的實數世界

Re

由實數與虛數組成，在平面上擴展的複數世界

i

虛數

與虛數相關的數學家、物理學家歷史年表

1500 年	1600 年	1700
西元前	16 世紀	17 世紀

發現無理數

虛數誕生

塔塔利亞
（Niccolò Tartaglia，1499～1557）

提出三次方程式的公式解，創造了虛數誕生的契機。

笛卡兒
（René Descartes，1596～1650）

對「負數的平方根」抱著否定的態度，並稱之為「想像出來的數」（虛數）。

畢達哥拉斯
（Pythagoras，約前 582～約前 496）

西元前 6 世紀，畢達哥拉斯與弟子認為有理數是數的一切，但後來發現了 $\sqrt{2}$（無理數）。

卡當諾
（Girolamo Cardano，1501～1576）

在《大術》首度提出，虛數能解答過去認為無解的二次方程式。

邦貝利
（Rafael Bombelli，1526～1572）

首位運用虛數的學者。
他揭示即便三次方程式的解為實數，
也可將虛數代入公式解導出答案。

虛數單位 *i* 誕生

複數誕生

運用虛數的物理學誕生

歐拉
（Leonhard Euler，1707 ～ 1783）

定義 $\sqrt{-1}$ 為虛數單位，符號記為「*i*」。推導出包含虛數、零、圓周率「π」、自然對數底數「*e*」的「歐立等式」。

薛丁格
（Erwin Schrödinger，1887 ～ 1961）

提出量子力學的基礎方程式「薛丁格方程式」（Schrödinger equation），方程式中含有虛數。

韋塞爾（Caspar Wessel，1745 ～ 1818）
阿爾岡（Jean-Robert Argand，1768 ～ 1822）

與高斯幾乎在同時提出複數平面的想法。

閔考斯基
（Hermann Minkowski，1864 ～ 1909）

揭示即便處於四維時空，只要將時間差視為虛數距離滿足畢氏定理，即可合理解釋狹義相對論（special relativity）。

高斯
（Carl Friedrich Gauss，1777 ～ 1855）

發明複數平面，成功將虛數視覺化，並將平面上表示的數命名為「複數」，揭示使用複數能解開任意方程式（代數基本定理）。

霍金
（Stephen William Hawking，1942 ～ 2018）

與哈妥（James Hartle，1939～ ）共同發表了「無邊界假說」（no-boundary proposal）（1983），以虛數時間存在為前提說明宇宙的起源。

小林誠、益川敏英
（1944～ ）（1940～ ）

1973年發表「小林－益川理論」，認為假設存在 6 種夸克（quark），就能解釋CP對稱破缺（CP violation）的發生。其合式公式中含有複數。

1

虛數的誕生
歷程

我們身邊充滿著「數」，無論是每天接觸的商品價錢、時間、氣溫、距離、都是「數」。種類很多，像是自然數、負數、分數、小數等。這些數都是經年累月才創造出的概念。想瞭解虛數誕生的原因，不妨先來看數的發展歷程。

10. 自然數

12. 零

14. 負數

16. 負數的乘法

18. 有理數 ①～②

22. 無理數

24. 實數

26. Column 1
小數的表示法誕生於
16 世紀

28. Column 2
畢達哥拉斯認為有理數是
數的一切

30. Column 3
古代美索不達米亞
黏土版刻畫的 $\sqrt{2}$

32. Column 4
古人是這樣作
平方根的圖

34. Column 5
證明 $\sqrt{2}$ 是無理數

35. Column 6
用分數表示 $\sqrt{2}$ 的方法
——連分數

36. Column 7
何謂方程式？

38. Topics
實數的完成與無窮的概念

協助　礒田和美
協助・撰文（第38～43頁）　木村俊一

數是確實「存在」的嗎？

虛數曾經被稱為「想像出來的數」、「不存在的數」。那麼，我們所熟知的 1、$\frac{1}{2}$、0.3……等等「普通的數」，可以稱為「實際的數」、「存在的數」嗎？

數，只是人類腦中的概念

1、2、3、……等用來表示物體數量、順序的數，稱為「自然數」。以蘋果、橘子為例，如「5 顆蘋果」、「3 顆橘子」可用自然數來計數。雖然這些數量的蘋果、橘子具有實體，但「5」、「3」的「自然數本身」卻不是實體。

這些自然數終究只是人類腦中的概念。蘋果或橘子，原先都是形狀、大小有所差異的不同物體。然而，我們忽視它們的這些特徵，抽象化計數成 5 顆、3 顆。

另外，自然數也可以用像是「從左邊數來第 5 顆蘋果」等來表示物的順序。個數、順序同樣能用「5」等自然數表示，乃是因為自然數只是人類腦中的抽象概念。

12頁開始討論的其他數，也能歸類為抽象的概念。而從第 2 章開始討論的虛數，也是這種類型的數。

以「自然數」表示蘋果、橘子的個數

插圖標出表示蘋果、橘子數量的自然數。在討論「5 顆蘋果和 3 顆橘子的總數有多少顆？」時，我們會忽視蘋果、橘子的差異，抽象化計算為 8 顆（5＋3＝8）。

數的擴張

下面是自然數排列的示意圖。第 1 章會出現許多種類的「數」，後面頁數的示意圖會加入新登場的數。

自然數

| 1 | 2 | 3 | 4 | 5 |

5顆蘋果

3顆橘子

蘋果和橘子共有8顆

「零」歷經漫長歲月 才被承認為數

對於現在的我們來說，「零」已是相當熟悉的概念。然而，零被發明後，過了很久很久，才被承認為「數」。

如同「10」這個數字中，個位的0、「101」中十位數的0，0起初是用來表示該位「什麼都沒有」（空位）的符號（占位的0）。導入這個0後，人便能用1～9和0等十個符號（數字）表示所有的

阿拉伯數字的零

馬雅文明

0

0

馬雅地區是以貝殼狀的符號來表示零（左），有時也會以手托著下巴的側臉符號來表示零（右）。

在古代各地出現的零
地圖上標示了零在世界各地初期的表示法。

零

◉   ◦   ◦   ◦   ◦   ◦

0   1   2   3   4   5

數。

據說，在西元前 3 世紀的美索不達米亞文明、西元前 1 世紀的馬雅文明等，早就開始使用這種占位的 0。

6～7世紀的印度承認零是「數」

如上所述，零自古就被當作表示空位的符號，但當時並不被認同是與 1、2、3、……相同的「數」。

學者認為直到 6～7 世紀的印度，才不將零當作單純表示空位的符號，而是數的一種。承認零為數，代表將零本身視為計算對象來處理。也就是說，人們能進行像是「0＋4＝4」、「10×0＝0」的計算。

誕生於印度的零和零的表示法後來經由阿拉伯的伊斯蘭文化圈傳遍歐洲，演變成今日我們使用的零。

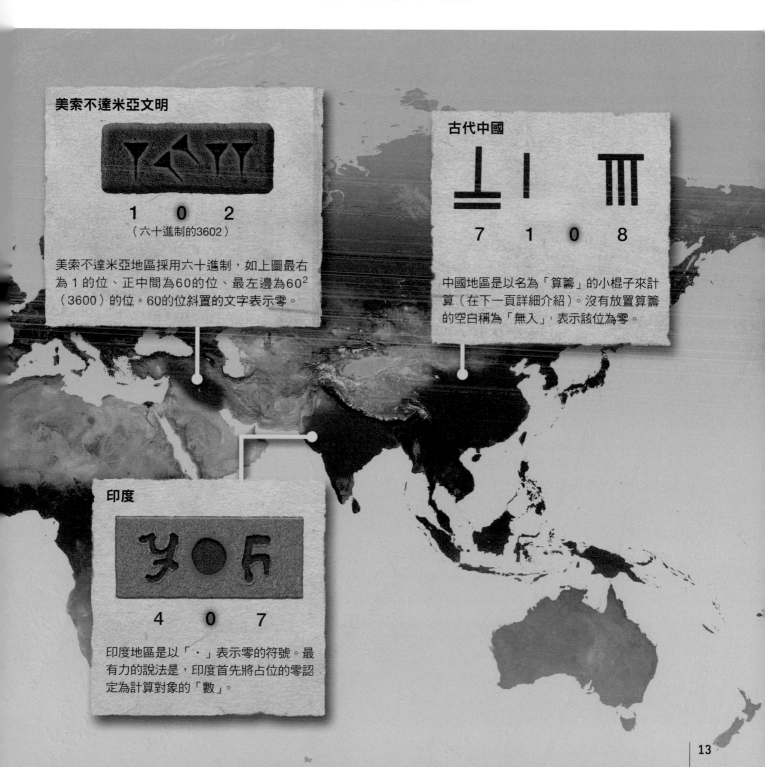

美索不達米亞文明

1　0　2
（六十進制的3602）

美索不達米亞地區採用六十進制，如上圖最右為 1 的位、正中間為60的位、最左邊為60²（3600）的位。60的位斜置的文字表示零。

古代中國

7　1　0　8

中國地區是以名為「算籌」的小棍子來計算（在下一頁詳細介紹）。沒有放置算籌的空白稱為「無入」，表示該位為零。

印度

4　0　7

印度地區是以「．」表示零的符號。最有力的說法是，印度首先將占位的零認定為計算對象的「數」。

古代中國、印度出現的「負數」，曾經是人類難以想像的數

「**冰**」箱的溫度為－18℃」、「這期利潤比是前年的－10％」……我們會自然而然使用負數。然而，負數在被發現之後經過很長一段時間，才被廣為接受。

負數最早出現的時間，推測是在西元前1世紀～2世紀左右完成的中國數學書《九章算術》，當時的中國人在畫有正方形方格的布帛上，放置名為「算籌」的小棍子來計算（插圖）。

操作時，紅色算籌為正數、黑色算籌為負數。數學家劉徽（225～295）於3世紀完成的《九章算術》註解中，提到用算籌表示負數時，斜放個位數字（小棍子）的方法。

目前所知，將負數正式當作數來處理，跟0一樣是在6～7世紀左右，由印度開始的。據說印度地區在計算會計時，是以正數表示「財產」、負數表示「借款」。

古代中國是以黑色算籌表示負數

右頁是使用算籌計算的示意圖，紅色的小棍子為正數、黑色的小棍子為負數。

移動黑色算籌來進行減法

右頁插圖是使用算籌計算63702－6451的情況。在「商」列的各個位數方格中，放置對應6、3、7、0、2的紅色算籌（正數），空白的方格表示0；在「實」列中，放置對應－6、－4、－5、－1的黑色算籌（負數），操作這些算籌來進行減法。

以個位數為例，將下面的1根黑色算籌，移動至上面放置2根紅色算籌的方格中，紅色和黑色算籌互相抵消（拿掉）1根後，僅剩下1根紅色算籌（2－1＝1）。如這個例子的十位數，紅色算籌不足時，需要向上一位數借位。所有位數進行同樣的操作後，「商」列中剩餘算籌所表示的數就是減法的答案。

負數（負的數）

－5　－4　－3　－2　－1　0　1　2　3　4　5

印度的數學家婆羅摩笈多（Brahmagupta，約598～約660）於628年完成《婆羅摩歷算書》（Brāhmasphuṭasiddhānta），書中記錄了使用零與負數的計算規則。

即便負數登場，也沒有被人接受

在印度確立的負數，後來經由阿拉伯傳至歐洲，但歐洲人難以接受負數的概念。

雖然16世紀方程式的解（答案）經常出現負數，但卻無法獲得認同，甚至被稱為「不合理的數」。17世紀的法國數學家笛卡兒也無法接受負數的存在，稱其為「虛偽的解」。

其實，虛數也誕生於這個時代，負數與虛數遭受忌諱的情況非常類似，相關細節留到第2章介紹。

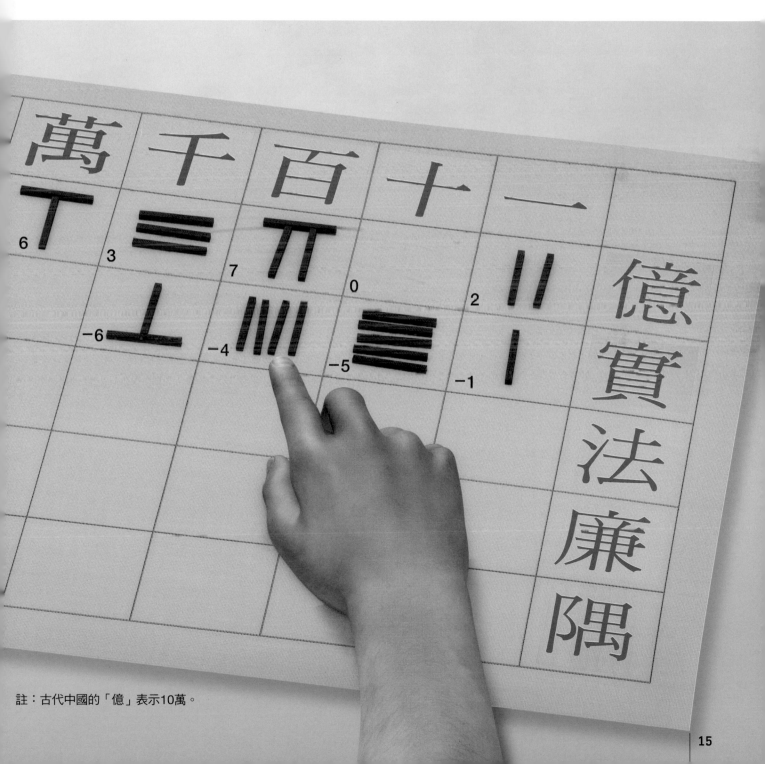

註：古代中國的「億」表示10萬。

為了幫助理解，
可使用箭頭將負數視覺化

第一位接受負數為方程式之解的人，是法國數學家吉拉德（Albert Girard，1595～1632）。吉拉德提出了用視覺化表示負數的方法，以「正數」為前進、「負數」為後退。

假設原點為零、＋1為向右長度1的箭頭，則－1可表示為跟＋1相反的向左長度1的箭頭。負數在視覺化後，才終於被接受。

負數的乘法只需要 反轉數的箭頭

使用箭頭能讓負數的乘法變得非常容易理解，以＋1×（－1）＝（－1）為例，這可理解為向右的箭頭旋轉180°為向左的箭頭。

接著，以－1×（－1）＝1為例，這可理解為向左的箭頭旋轉180°變為向右的箭頭。由此可知，「乘上－1」相當於原數旋轉180°的箭頭方向。

其實，這樣的思維也能幫助「平方後為負」的虛數，相關細節留到第3章介紹。

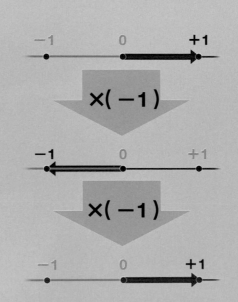

－1

使用箭頭，
將負數視覺化

正負數可使用箭頭來表示，將負數的乘法視覺化也能幫助理解。如圖所示，乘上－1相當於旋轉180°的箭頭方向。

－1　　　0　　　＋1

×（－1）

－1　　　0　　　＋1

×（－1）

－1　　　0　　　＋1

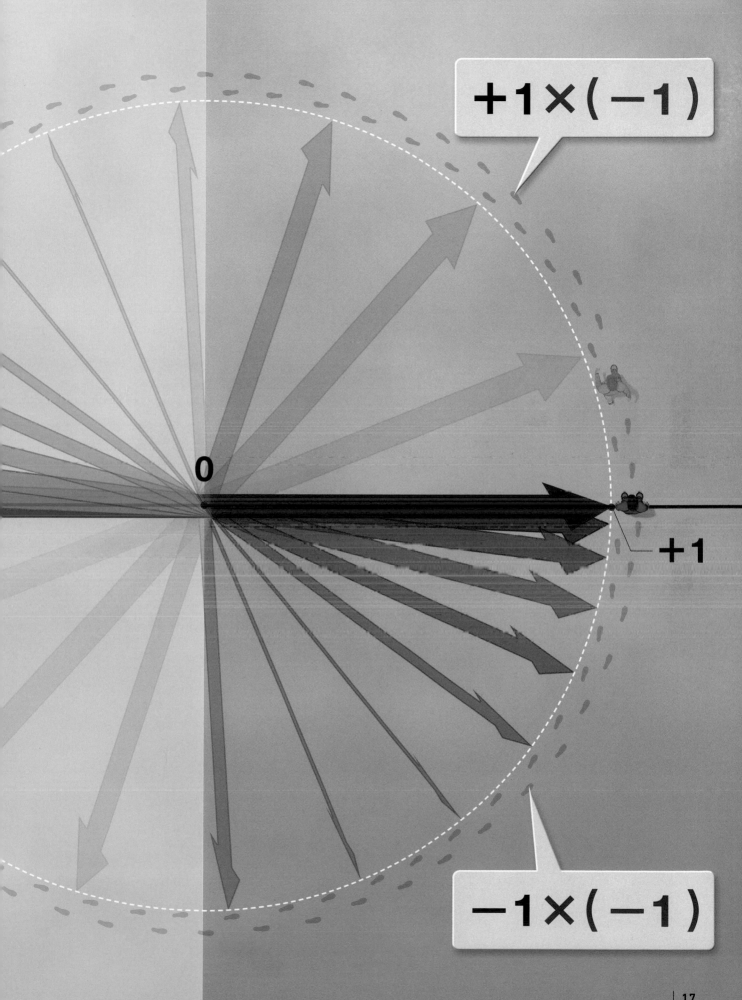

以「分數」表示 兩個整數之間的數

自然數、零以及自然數加上負號的數（負數），統稱為「整數」。兩個整數進行加減之後，肯定能在整數中找到答案。

然而，兩個整數進行除法後，卻未必能在整數中找到答案，例如 1÷3 的答案不是整數。於是創造出新數「$\frac{1}{3}$」，也就是「分數」（fraction）。

可用分數表示的數為「有理數」。正確來說，可用「分子、分母為整數的分數」※表示的數為有理數。整數可用分母為 1 的分數表示，所以也是有理數。

※：然分母不可為 0。

分數與小數之間的 奇妙關係

左頁是分數的示意圖。右頁是古埃及表示分數的象形文字。

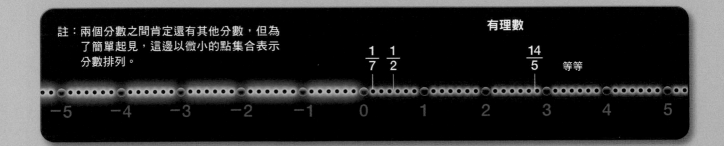

註：兩個分數之間肯定還有其他分數，但為了簡單起見，這邊以微小的點集合表示分數排列。

有理數

$\frac{1}{7}$ $\frac{1}{2}$ $\frac{14}{5}$ 等等

−5 −4 −3 −2 −1 0 1 2 3 4 5

古埃及的分數

如右圖所示，古埃及是使用象形文字（hieroglyphs，也稱聖書體）表示「2分之1」、「3分之1」等分子為1的分數（單位分數），分子不為1的分數（如4分之3），會寫成單位分數相加的形式（2分之1加上4分之1）。另外，據說除了上半部所列的聖書體外，有時還會使用其他聖書體表示分數（例如下面的「荷魯斯之眼」）。

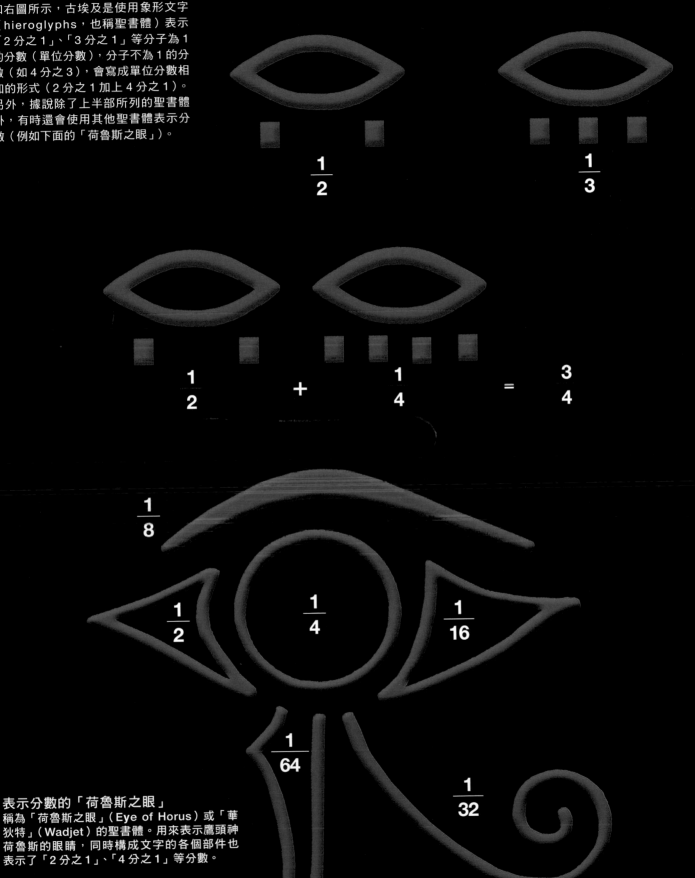

$$\frac{1}{2}$$

$$\frac{1}{3}$$

$$\frac{1}{2} \quad + \quad \frac{1}{4} \quad = \quad \frac{3}{4}$$

$\frac{1}{8}$

$\frac{1}{2}$　$\frac{1}{4}$　$\frac{1}{16}$

$\frac{1}{64}$

$\frac{1}{32}$

表示分數的「荷魯斯之眼」
稱為「荷魯斯之眼」（Eye of Horus）或「華狄特」（Wadjet）的聖書體。用來表示鷹頭神荷魯斯的眼睛，同時構成文字的各個部件也表示了「2分之1」、「4分之1」等分數。

分數可表示成數字循環的小數

分數也可用「小數」表示，如 $\frac{1}{2}$ 可表示為「0.5」。而「$\frac{1}{7}$」用小數表示會發生奇妙的事，$\frac{1}{7}=1\div 7$ 是「0.1428 57142857142857……」，亦即「142857」無限循環的小數（右頁的計算）。

眾所皆知，任意分數（指分子、分母都是整數）會是「小數點後有限的小數」或「小數點後某位數開始無限循環的小數」。

就能表示兩個整數之間的數來說，分數和小數非常相似。然而，兩者的歷史卻截然不同，分數最早記載於西元前17世紀左右的《萊因德紙草書》（Rhind Papyrus）中，是非常古老的數。

另一方面，小數的歷史卻很短。歐洲首度提出小數概念的人，是16世紀的比利時數學家斯蒂文（Simon Stevin，1548～1620）。如今使用「小數點」的表示法，則是由蘇格蘭數學家納皮爾（John Napier，1550～1617）所發明。

分數與小數之間的奇妙關係

右頁是用筆將 $\frac{1}{7}$ 計算成小數的情況，可知小數點後重複相同的數字列。左頁介紹了 $\frac{1}{7}$ 等循環小數的有趣性質。

🪐 循環小數的輪盤

右圖是將 $\frac{1}{7}$ 循環小數的循環節（黃色的數字列）順時鐘排列，可知面對面的兩數相加必為9。$\frac{1}{17}$、$\frac{1}{61}$ 也具有同樣的性質（並非所有循環小數都是如此）。

$$\frac{1}{7} = 0.142857\,142857\cdots\cdots$$

$$\frac{1}{17} = 0.05882352\,941176470\,588235294\,117647\cdots\cdots$$

$$\frac{1}{61} = 0.0163934426229508196721311\,4754098360655737704918032\,7868852459\,0163934426229508\,1\,9672131147540983606557377\,0\,4918032786885\,2459\cdots\cdots$$

$\dfrac{1}{7}$ = 0.142857142857142857142857……

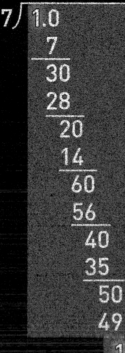

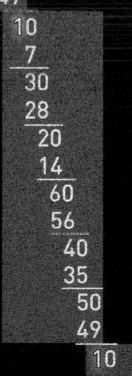

0.142857142857142857142857…

$$7\overline{)1.0}$$

```
   7
  ─────
   30
   28
  ─────
    20
    14
   ─────
     60
     56
    ─────
      40
      35
     ─────
       50
       49
      ─────
        10
         7
       ─────
        30
        28
       ─────
         20
         14
        ─────
          60
          56
         ─────
           40
           35
          ─────
            50
            49
           ─────
             10
              ⋮
```

$\dfrac{1}{7}$ 用小數表示後，會不斷重複相同的數字列

為了將 $\dfrac{1}{7}$ 表示成小數，必須用筆計算 $1 \div 7$。如同右圖，粉紅色圍起來的部分與紫色圍起來的部分出現相同的計算過程。由此可知，小數點後會無窮重複數字列「142857」。

另外，這種小數可在最初、最後的數字上頭標示「‧」寫成「0.1̇42857̇」。

「平方後為 2 的數」無法用分數表示

分數和分數（有理數和有理數）之間肯定有著其他的分數，如 $\frac{1}{2}$ 和 $\frac{1}{3}$ 之間有 $\left(\frac{1}{2}+\frac{1}{3}\right) \div 2 = \frac{5}{12}$、$\frac{5}{12}$ 和 $\frac{1}{2}$ 之間有 $\left(\frac{5}{12}+\frac{1}{2}\right) \div 2 = \frac{11}{24}$。由於整數也可用分數表示，因此也讓人覺得所有數都能表示成分數（有理數）。

實際上真有人這麼認為，那就是以畢氏定理（Pythagoras theorem，又稱三平方定理）※ 聞名的古希臘數學家畢達哥拉斯。畢達哥拉斯將自然數視為神聖之物，認為所有數都可用自然數的比（分數）來表示。

發現不是有理數的數

然而，人們發現了無法用分數表示的數，這和畢達哥拉斯的認知相反。根據畢氏定理，邊長為 1 的正方形對角線長度是「平方後為 2 的數」（$\sqrt{2}$）。有人發現無法用分數表示 $\sqrt{2}$。

$\sqrt{2}$ 若以小數來表示，會是 1.41421356……小數點後無限延續且數字不循環，這意味 $\sqrt{2}$ 無法表示為「分子、分母為整數的分數」。也就是說，$\sqrt{2}$ 不是有理數，即為無理數。圓周率 π =3.14159265……是小數點後無限不循環的小數，所以也是無理數。

數的同伴包含了無限多個無理數，比較有理數和無理數的「個數」，我們甚至可以發現，無理數顯然比有理數還多。

※：直角三角形的斜邊平方，等於底邊平方加上高平方的定理。

畢達哥拉斯
（約前570～約前495）
古希臘數學家、哲學家。在義大利的克羅頓（Croton）率領宗教集團，與眾多弟子研究政治、哲學、自然學等學問。

$$\sqrt{2} = 1.41421\ 35623\ 73095\ 04880$$
$$16887\ 24209\ 69807\ 85696$$
$$71875\ 37694\ 80731\ 76679$$
$$73799\ 07324\ 78462\ 10703$$
$$88503\ 87534\ 32764\ 15727$$
$$35013\ 84623\ 09122\ 97024$$
$$92483\ 60558\ 50737\ 21264\cdots$$

加入無理數後，數列才全部填滿。

無理數 $\sqrt{2}$ $\sqrt{5}$ π 等等

−5　−4　−3　−2　−1　0　1　2　3　4　5

磚塊

10公分

將邊長10公分的立方體磚塊橫向排列10個、縱向（垂直）排列10個，無法用相同的立方體完整排出斜邊。

會留約 1.42 公分的縫隙！

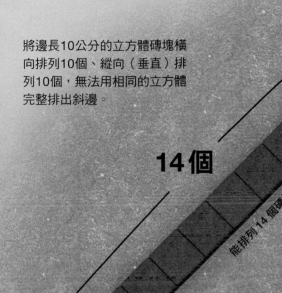

14個

能排列14個磚塊

能排列10個磚塊

能排列10個磚塊

10個

10個

會留約 1.35 公分的縫隙！

從左下數來第14,142個磚塊

放大等腰直角三角形，縱橫分別排列1萬個跟上面一樣大小的磚塊會如何呢？此時會發現，磚塊也無法完整排出斜邊。其實，無論怎麼放大等腰直角三角形，都無法用相同大小的磚塊完整排出三邊。這跟√2不能表示成分數相對應。

?個

10000個

10000 個

當「普通的數」全都到齊，潛藏於其中的新數，就是「虛數」

前 面依照各種數的發現順序，介紹了各種不同的數與其性質，接著來整理這些數吧！

如第18頁所述，自然數、零以及自然數加上負號的負數，統稱為「整數」。整數與分數統稱為「有理數」（也包含負的分數），而第22頁無法用分數表示的數是「無理數」。

「有理數」與「無理數」合稱為「實數」。這個實數就是我們平常使用的「普通的數」。

實數落在數線上，不過還有位在數線外的數

這樣一來全部的數就都到齊了。觀察第22頁下方的數線，會發現實數填滿了整條數線。也就是說，任意實數都會落在這條數線的某處，如 $\frac{1}{2}$ 可表示為落在 0 和 1 正中間的點。

然而，人類卻發現了這條數線之「外」的數，也就是「虛數」。第 2 章就來詳細講解虛數的概念。　　🪐

與實數截然不同的數？

下面是實數的分類示意圖。右邊表示集結實數的「普通數」的世界，與存在其「外」的虛數。

實數的分類

實數			
有理數			**無理數**
整數 **自然數** 1, 2, 3, …		$\frac{1}{2}$, $\frac{1}{7}$, $\frac{2}{3}$, …	$\sqrt{2}$, $-\sqrt{7}$, $\sqrt{10}$,
0, -1, -2, -3, …		0.35, 1.8352	$\pi = 3.1415926\cdots\cdots$ $e = 2.7182818\cdots\cdots$

-9

-517

-6

-8

-256

$\frac{1}{33}$

$\frac{1}{9}$

小數的表示法
誕生於16世紀

$\frac{1}{2}$ 是0.5，$\frac{1}{3}$ 是0.333……。我們在生活中已經習慣將分數轉換為小數來表示，因而容易誤以為分數和小數是同時誕生的。

相較於分數，現在的小數表示法開始於16世紀的歐洲，歷史非常短。不過，在阿拉伯、中國，過去已經有在使用類似小數的表示。只是表示法和現代不同，並非沒有小數的相關概念。

歐洲的法國數學家韋達（Franciscus Vieta，1540～1603），在1579年出版的《數學標準》（Metayer publisher）中首次使用小數，但這跟當今的小數表示稍有不同，韋達將0.5記為0 | 5。

比利時數學家、工程師斯蒂文，在1585年發表的《小數論》（De Spiegheling der Singconst）中介紹了小數。斯蒂文的小數表示法跟現今迥異，並不容易使用。

後來，蘇格蘭的納皮爾於1614年發表的對數表中，首次使用了0.5、1.234等採用小數點的表示。納皮爾發明的表示法後來傳播到世界各地。

歐洲在這個時期發明小數的表示法，或許跟科學革命前夕的時代背景有關。在實際測量物體的長度、距離時，需要的不是分數而是小數表示。納皮爾的對數表也曾是航海時不可或缺的實用書籍。

順便一提，小數的表示方法如今也並未統一，在歐陸等地區是使用「，」；而在英美、台灣等地區是使用「．」。

納皮爾（1550～1617）

⊙ 轉為小數後顯現奇妙規律的分數

● $\frac{1}{9^2}$（$=\frac{1}{81}$）轉為小數會是：

0.012345679012345679……

到 01234567 為止還算理想，但卻突然跳過 8 接到 9，然後回到 0 循環下去。

● $\frac{1}{99^2}$（$=\frac{1}{9801}$）轉為小數會是：

0.000102030405060708091011121314151617 18

…969799000102030405……

97 的後面挑過 98 接 99，然後回到 00 循環下去。

● $\frac{101}{99^3}$（$=\frac{101}{970299}$）轉為小數會是：

0.00010409162536 49……

看出其中的規律嗎？這是 1、$2^2=4$、$3^2=9$、$4^2=16$、……的平方數列。

● $\frac{1001}{999^3}$（$-\frac{1001}{997002999}$）轉為小數會是：

0.000001004009016025036049064081100121144169…

● $\frac{1}{9899}$ 轉為小數會是：

0.00010102030508132134 55……

有看出其中的規律嗎？這是 1、1、2、3、5、8、13、21、34、……的
「費氏數列」（Fibonacci numbers，又稱費波那契數列）。

● $\frac{1}{998999}$ 轉為小數會是：

0.000001001002003005008013021034055089144233377…

畢達哥拉斯認為
有理數是數的一切

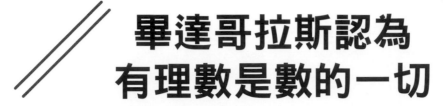

古希臘的畢達哥拉斯開創名為「畢達哥拉斯教團」（又稱畢達哥拉斯學派）的宗教集團，與好幾百人的弟子共同過著學習宗教、哲學、政治的生活。

畢達哥拉斯學派提倡「萬物皆數」，如1代表「理性」、2代表「女性」、3代表「男性」、4代表「正義」、2加上3的5代表「結婚」、7代表「幸運」等等，探索數的意

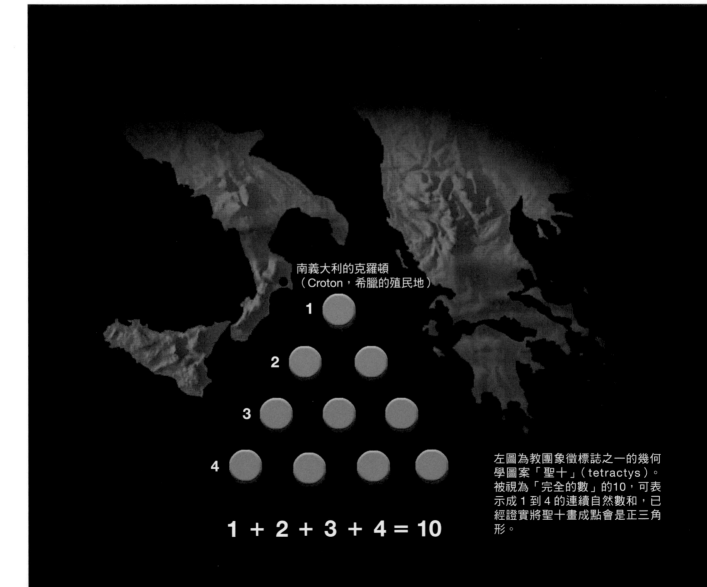

南義大利的克羅頓
（Croton，希臘的殖民地）

1

2

3

4

$$1 + 2 + 3 + 4 = 10$$

左圖為教團象徵標誌之一的幾何學圖案「聖十」（tetractys）。被視為「完全的數」的10，可表示成1到4的連續自然數和，已經證實將聖十畫成點會是正三角形。

義。他們把10視為「完全的數」，認為天體除了當時已知的水星、金星、火星、木星等五個行星，還有地球、太陽、月球、載有其他恆星的「恆星天」與從地球看不見的「對地星」，一共有10個。他們主張這些天體是環繞宇宙中心的「中心火」運行。

畢達哥拉斯學派相信，數潛藏了萬物的根源，並從中發現了各式各樣的法則，「畢氏定理」便是其中之一。

據說畢達哥拉斯學派認為，可用1、2、3、⋯⋯等自然數比表示的數（有理數）是數的一切。因此畢氏定理推導出的$\sqrt{2}$等無理數在當時被稱為「Alogon」（不可說出口），並被視為祕密。

畢達哥拉斯學派也發現自然數與聲音的協調有關，當弦樂器的弦長為「1：2」、「2：3」、「3：4」等簡單的自然數比時，我們會覺得琴弦奏出的聲響是和諧的，此稱為「畢氏音程」（pythagorean interval）。

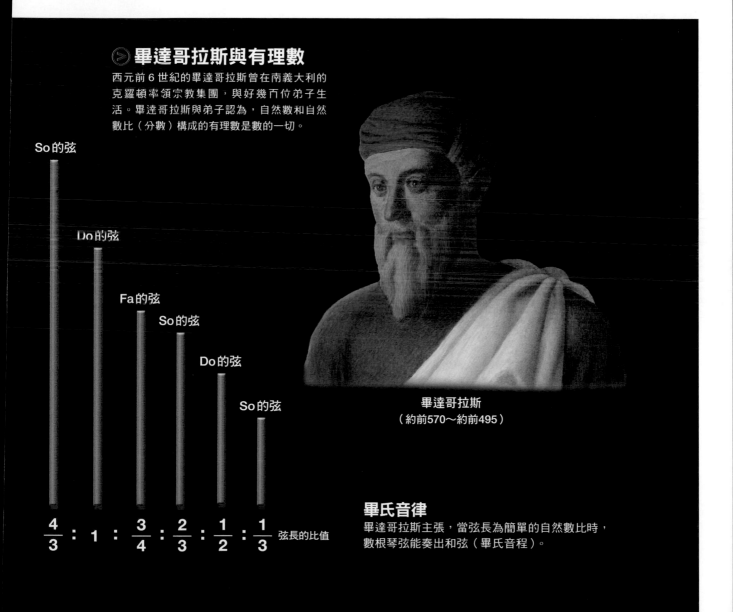

畢達哥拉斯與有理數

西元前6世紀的畢達哥拉斯曾在南義大利的克羅頓率領宗教集團，與好幾百位弟子生活。畢達哥拉斯與弟子認為，自然數和自然數比（分數）構成的有理數是數的一切。

So的弦
Do的弦
Fa的弦
So的弦
Do的弦
So的弦

$\frac{4}{3}$：1：$\frac{3}{4}$：$\frac{2}{3}$：$\frac{1}{2}$：$\frac{1}{3}$　弦長的比值

畢達哥拉斯
（約前570～約前495）

畢氏音律
畢達哥拉斯主張，當弦長為簡單的自然數比時，數根琴弦能奏出和弦（畢氏音程）。

古代美索不達米亞
黏土版刻畫的 $\sqrt{2}$

 圖是大約4000年前古代美索不達米亞黏土版「YBC7289」的復原圖，這塊黏土版上刻有正方形與其對角線，對角線上寫有「1、24、51、10」的楔形文字。

這是六十進制的數，若用十進制會是「1.41421296296……」（計算過程在插圖的下方），這是非常準確（到小數點後第五位正確）的 $\sqrt{2}$ 近似值。

而且，黏土版上也刻畫了正方形邊長為30時的對角線長度（六十進制的42、25、35，換算成十進制會是42.4263888……）。

古代美索不達米亞人如何計算？

古代美索不達米亞人如何求出 $\sqrt{2}$ 的近似值呢？

2是大於「1的平方」（＝1）、小於「2的平方」（＝4）的數，可知 $\sqrt{2}$ 落在「1和2之間」。若1和2的中間值 $\frac{3}{2}$＝1.5就是 $\sqrt{2}$，則（$2 \div \frac{3}{2}$）的結果應該是 $\frac{3}{2}$ 才對。但實際上卻是 $2 \div \frac{3}{2} = \frac{4}{3} = 1.3333……$，

可知 $\sqrt{2}$ 落在「$\frac{4}{3}$ 和 $\frac{3}{2}$ 之間」。

這次將 $\frac{4}{3}$ 和 $\frac{3}{2}$ 的中間值 $\frac{17}{12}$＝1.41666……當作 $\sqrt{2}$ 由2除以新候補，也就是 $2 \div \frac{17}{12} = \frac{24}{17}$＝1.41176……，可知 $\sqrt{2}$ 落在「$\frac{24}{17}$ 和 $\frac{17}{12}$ 之間」。學者猜測，古代美索不達米亞人藉著不斷重複計算，為求出更為正確的近似值。

⊙ 刻有√2的黏土版

插圖是4000年前古代美索不達米亞黏土版「YBC7289」（美國耶魯大學所藏）的復原圖，黏土版上邊長為7～8公分的正方形，刻畫了極為準確的√2近似值。黏土版上寫有正方形邊長為30公分時的對角線長度。

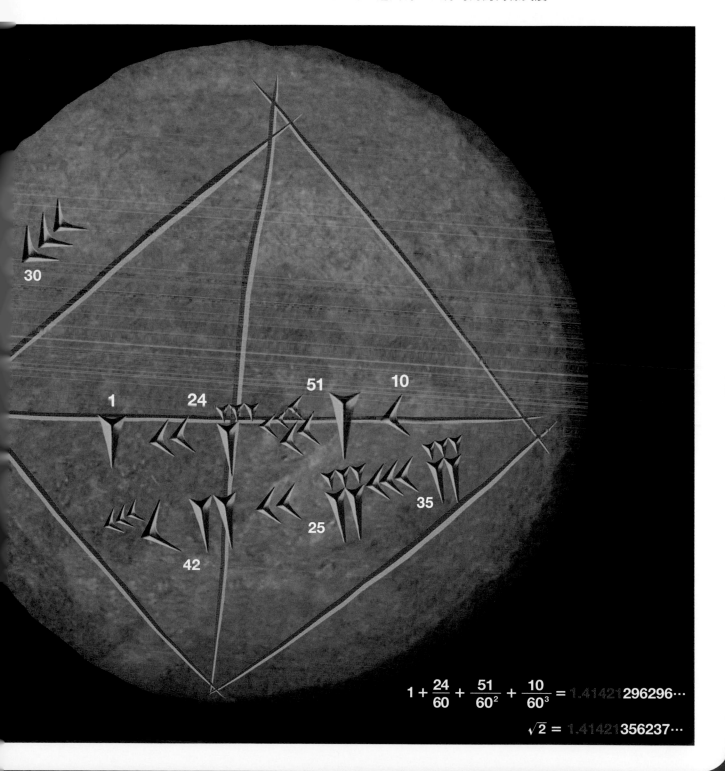

$$1 + \frac{24}{60} + \frac{51}{60^2} + \frac{10}{60^3} = 1.41421296296\cdots$$

$$\sqrt{2} = 1.41421356237\cdots$$

4

古人是這樣作平方根的圖

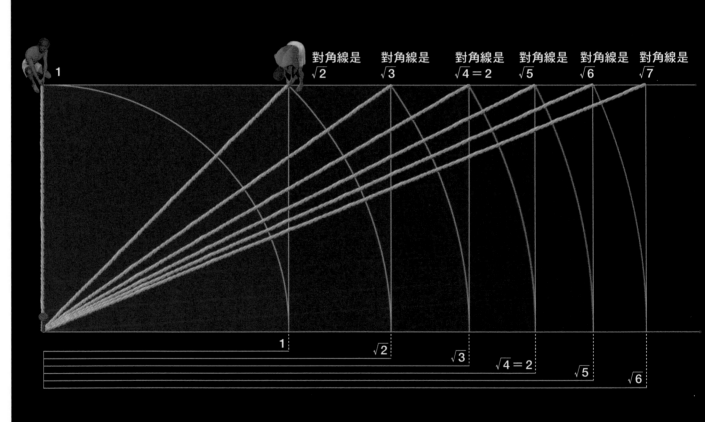

1. 古人是這樣作平方根的圖

畫出邊長為 1 的正方形，取對角線的長度就能得到 $\sqrt{2}$。以 $\sqrt{2}$ 為底邊作出高為 1 的長方形，對角線會是 $\sqrt{3}$。重複相同的要領，就能陸續畫出自然數的平方根（1、$\sqrt{2}$、$\sqrt{3}$、$\sqrt{4}=2$、$\sqrt{5}$、……）。

人如何畫出自然數的平方根呢？首先，√2的作圖很簡單，只要畫出邊長為1的正方形，就可由畢氏定理得到對角線的長度√2。

√3的作圖則是使用繩子等細長工具，以圓規的要領將對角線的√2畫向底邊，以√2為底邊作出高為1的長方形，再由畢氏定理得到長方形對角線的長度√3。

重複相同的步驟，就能畫出自然數的平方根（1、√2、√3、√4＝2、√5、……。左下圖的 **1**）。

另外，如右頁下圖 **2**，直接以求出的對角線為底邊，陸續作出高為1的直角三角形，形狀會像美麗的鸚鵡螺。

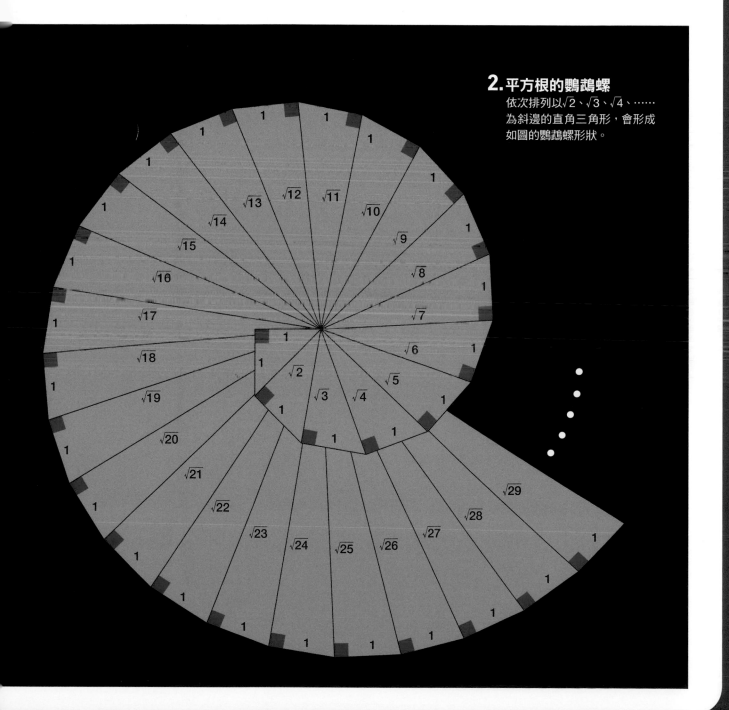

2. 平方根的鸚鵡螺

依次排列以√2、√3、√4、……為斜邊的直角三角形，會形成如圖的鸚鵡螺形狀。

證明√2是無理數

√2 是不可用「分子、分母為整數的分數」表示，具代表性的「無理數」。接下來介紹其中一種證明√2是無理數的方法。

首先，假設√2為有理數，則「√2可用一個無法再約分的分數表示」，亦即能以最大公因數為1的自然數 m、n 表示成

$$\sqrt{2} = \frac{m}{n}$$

式子的兩邊同乘 n 再平方，

$$2n^2 = m^2 \quad\cdots\cdots①$$

因為 $2n^2$ 必為偶數，所以 m^2 也會是偶數。又因奇數平方後仍為奇數，可知 m 會是偶數。因此，m 能表示為

$$m = 2k \quad(\text{其中，}k\text{是自然數})\cdots\cdots②$$

將②代入①得 $2n^2 = (2k)^2$，整理 $2n^2 = 4k^2$ 可得 $n^2 = 2k^2$。跟 m 的時候一樣，可知 n 會是偶數。

這樣 m、n 都會是偶數，與開頭的「√2可用一個無法再約分的分數表示」產生矛盾。因此，√2是有理數的假設錯誤，證明了√2不是有理數，而是無理數。

這種先做某個假設（這邊是假設√2為有理數），再由產生矛盾推導出假設不成立，反過來證明某件事（這邊是√2為無理數）的方法稱為「反證法」（proof by contradiction）。

另外，古希臘哲學家柏拉圖（Plato，約前427～約前347）在《泰阿泰德篇》（Theaetetus）中述及他發現了√2等數是無理數。泰阿泰德（約前417～約前369）是古希臘的數學家。

前面提到証明√2為無理數的方法，正是出自《泰阿泰德篇》。

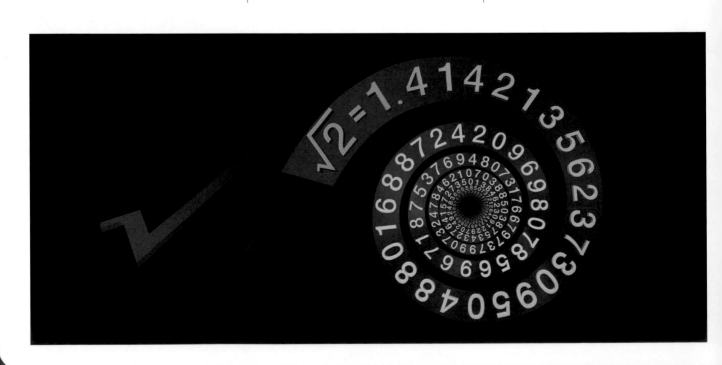

用分數表示√2 的方法——連分數

 理數是無法用「分子、分母皆為整數的分數」表示的數，轉為小數後將為沒有循環部分、永無止境的數列。

然而，無理數可用名為「連分數」（continued fraction）的特殊分數來表示。連分數是指分母另外帶有分數的分數。

例如，√2、√3可表示成如下僅有1、2等非常單純整數的連分數。令人驚訝的是，黃金比例φ（1.618……）的連分數完全由1組成（右）。 🪐

φ 的連分數表示

$$\phi = 1 + \cfrac{1}{1 + \cfrac{1}{1 + \cfrac{1}{1 + \cfrac{1}{1 + \cfrac{1}{1 + \cfrac{1}{1 + \cfrac{1}{\ddots}}}}}}}$$

 φ（phi）是滿足「$\phi = 1 + \frac{1}{\phi}$」的數，式子右邊的反覆重複代入「$\phi = 1 + \frac{1}{\phi}$」後，就會形成如右的連分數。

√2的連分數表示

$$\sqrt{2} = 1 + \cfrac{1}{2 + \cfrac{1}{2 + \cfrac{1}{2 + \cfrac{1}{2 + \cfrac{1}{2 + \cfrac{1}{\ddots}}}}}}$$

√3的連分數表示

$$\sqrt{3} = 1 + \cfrac{1}{1 + \cfrac{1}{2 + \cfrac{1}{1 + \cfrac{1}{2 + \cfrac{1}{1 + \cfrac{1}{\ddots}}}}}}$$

何謂方程式？

方程式就好像是「數學的謎題」，好的謎題有「答案」，而好的方程式則有「解」。

例如，「已知某數加上 3 會是 5，那這個數是多少？」根據這道題目描述列出的式子就稱為「方程式」，這題可表示成

?＋3＝5

此時，「＝」劃分的左邊稱為「左式」、右邊稱為「右式」。只要左右兩式以等號相連，兩者就必須相等，就像天秤兩側達到平衡。

一般來說「？」的部分會用「x」等英文字母來表示。因此剛才的式子會是

$x＋3＝5$

左右兩式同減 3，就能解開這道方程式。天秤的兩側拿掉相同的重量，仍然會保持平衡，所以沒有任何問題。乍看之下，該操作好像是將左式＋3 的正負號移動到右式。這種操作稱為「移項」，式子表示如下。

$x＝5－3＝2$

據此可知問題的解是 $x＝2$。

這條方程式乍看也可用下述做法來解。「試著將 2 代入 x，因為 2＋3＝5。所以解是 $x＝2$」。然而，由移項獲得的第一個解與由代入獲得的第二個解，兩者有很大的差別。

由移項獲得的第一個解的邏輯是「若 $x＋3＝5$ 正確，則 $x＝2$」；而由代入獲得的第二個解的邏輯是「若 $x＝2$，則 $x＋3＝5$ 成立」。使用移項求解，若「$x＋3＝5$」正確，則可證實 $x＝2$。

然而，改成以代入求解，若「$x＝2$」時，「$x＋3＝5$」的確成立，但沒有辦法排除 x 為 2 以外的數時，「$x＋3＝5$」也有可能成立。

在討論後面的二次方程式時，這個差異會變得更明顯。

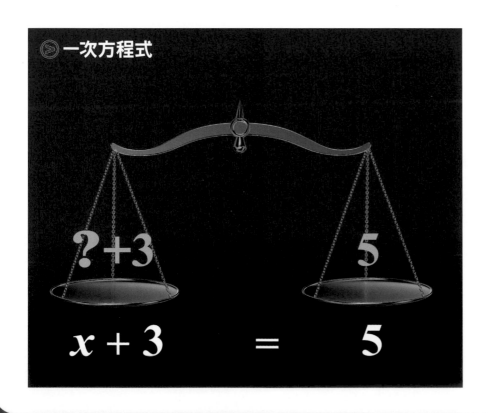

▶ 一次方程式

$?＋3$ ＝ 5

$x + 3$ ＝ 5

二次方程式的解法

「已知邊長 x 的正方形加上兩個高 x、寬 1 的長方形，總面積正好為 35，試問 x 為何？」我們可以列出二次方程式：

$$x^2 + 2x = 35$$

另外，二次方程式可移項並統整同類項，整理為下述形式：

$$ax^2 + bx + c = 0 \ (a \neq 0)$$

為了將上面的式子轉為這種形式，兩邊同減35，得到

$$x^2 + 2x - 35 = 0$$

將左式因式分解（表示成相乘的形式）為

$$(x + 7)(x - 5) = 0$$

求得解為 -7、5。不過，正方形的邊長不會是負數，所以能判斷正方形的邊長為 5。

如果兩數相乘為 0，則兩數其中一個會是 0。根據這項 0 的特殊性，我們可確信，若 x 不為 5 或 -7，則 $x^2 + 2x - 35 = 0$ 不成立。

接著，以代入來解這條方程式，試著將 x 代入 -7：

$$(-7)^2 + 2(-7) - 35$$
$$= 49 - 14 - 35 = 0$$

可知等號成立，所以「解是「$x = -7$」，但正方形的邊長不會是 -7。雖說如此，這樣的討論無法確認有無其他的解。

二次方程式未必都能順利做因式分解，例如

$$2x^2 + 5x - 3 = 0$$

此時，可套用下面的「二次方程式的公式解」：

$$x = \frac{-b \pm \sqrt{b^2 - 4ac}}{2a}$$

將 $a = 2$，$b = 5$，$c = -3$ 代入公式解，求得解為

$$x = -3, \ \frac{1}{2}$$

關於二次方程式的公式解，會在第 2 章的專欄詳細講解。

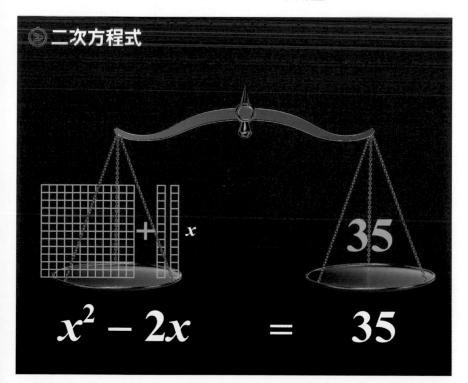

二次方程式

$$x^2 - 2x = 35$$

真正發現「實數」與無限的「勢」

在第 1 章，我們討論了自然數、有理數以及 $\sqrt{2}$ 等無理數的數擴張歷史。有理數與無理數統稱為「實數」，但實數的定義其實更為深奧。實數的本質究竟為何？19世紀數學家戴德金（Julius Dedekind，1831～1916）與康托（Georg Cantor，1845～1918）實際定義了實數。在這之後，康托發現「無限」（也稱無窮）具有各種不同的大小。

撰文｜木村俊一
日本廣島大學理學部數學系教授

實數到了19世紀才真正被發現

可用「整數分之整數」分數形式表示的數稱為「有理數」。有理數轉為小數後，肯定是「循環小數」。相反地，循環小數能轉為整數除整數的分數形式。例如，令「0.123123123」（重複123）為「S」，則

$$1000S=123.123123123\cdots\cdots=123+S$$

所以

$$999S=123$$

移項後，可用分數記為

$$S=\frac{123}{999}=\frac{41}{333}$$

如上所述，有理數是可用循環小數表示的數，而循環小數也會是有理數。「2」、「3」等整數、「2.5」、「1.23」等有限小數，分別能表示成「$\frac{2}{1}$」、「$\frac{3}{1}$」、「$\frac{5}{2}$」、「$\frac{123}{100}$」，所以是有理數，但如果勉強將「2.0000……」、「3.0000……」、「2.500000……」、「1.230000……」當作「重複0」的循環小數，則可說「有理數皆是循環小數」。

假設小數點後的數列沒有循環，舉例來說，「0.123456789101112131415……」（由1依序排列自然數）的「錢珀瑙恩數」（Champernowne constant），因沒有週期性，也無法寫成有理數。這種用不循環小數表示的數為「無理數」，而有理數與無理數統稱為「實數」。

「0.9999…」=「1」？

以上是高中教科書中可能出現的實數定義，這裡有個奇怪的地方。「用不循環小數表示」是要表示什麼呢？小數是一種數的「標記」，用來表示另外設想的「實體」。那麼，這個實數的實體究竟是什麼呢？

許多讀者會想「何必想得這麼複雜呢？」我們來討論下面的問題：

0.9999……（9無限延續）

和

1＝1.0000……（0無限延續）

哪邊比較大？如果你認為「這還用說嗎？當然是一樣大啊！」那麼你可以直接略過後面的內容，但如果你的想法是：「感覺『1』好像比『0.9999……』大

『0.000（0無限延續）……0001』。」請務必繼續讀下去。「0.9999……」和「1」（＝1.0000……）雖然表示方式不一樣，但就實體來說，兩者表示的數都相同。若是被標記迷惑而判斷錯誤，表示你沒有釐清實體。

若這樣的說法讓你無法認同，我們就來證明「0.9999＝1.0000」。

首先，假設

S＝1.0000……

除以 3 會是

0.3333……

也就是說，

$\frac{S}{3}$＝0.3333……

兩邊乘以 3，

S＝0.9999……

因此，

1.0000……＝0.9999……

康托（1845～1918）

證明完成。

再來看另一種證明方式，假設

S＝0.9999……

由於是循環小數，所以可用分數表示。

10S＝9.9999……＝9＋S

所以，

9S＝9

兩邊同除9，

S＝1

也就是說，

0.9999……＝1

證明完成。

「等一下，10S＝9.9999……的 9 是0.999……的 9 向左移動一位，10S小數點後的 9 應該比 S 小數點後的 9 少一個，這個 9 跑去哪裡去了？其差值除以 9 是0.000（0 無限延續）……0001，商的最後面出現 1，所以 1 會比0.999……還要大才對吧。」或許會有人這樣子反駁。

這時，我們可以回答：「若是這樣，剛才的0.123123……＝$\frac{41}{333}$ 的等式也會因同樣的理由，右邊比較大一些吧。但是，實際運算 $\frac{41}{333}$ 的除法可知，$\frac{41}{333}$＝0.123123123123……是無限循環小數，跟左邊完全一致。」

說到這裡，也許還是很難理解。因為只要表示成0.9999……和1.0000……，若沒有理解「表示什麼東西？實體是什麼？」就無法判斷是否真的相等。

何謂虛數？

虛數是「平方為負的數」，因為第 1 章介紹的實數當中不包含虛數，也被稱為「不存在的數」、「想像出來的數」。虛數是怎麼被發現的？為什麼須要用到虛數？第 2 章就來討論虛數的發現史。

46. 虛數是什麼？

48. 解不開的問題

50. 虛數的誕生 ①～②

54. 虛數獲得市民權

56. Column 8
無法以實數回答的
「二次方程式」是存在的

58. Column 9
有4000年歷史的
「二次方程式」

60. Column 10
以二次方程式的「公式解」
求解卡當諾問題

62. Column 11
虛數誕生的契機是16世紀的
「數學擂台」

66. Column 12
卡當諾喜歡賭博，
還促成機率論發展

68. Q&A 1
複數平面為何又稱
「高斯平面」？

69. Q&A 2
虛數能比較大小嗎？

協助　礒田和美／木村俊一

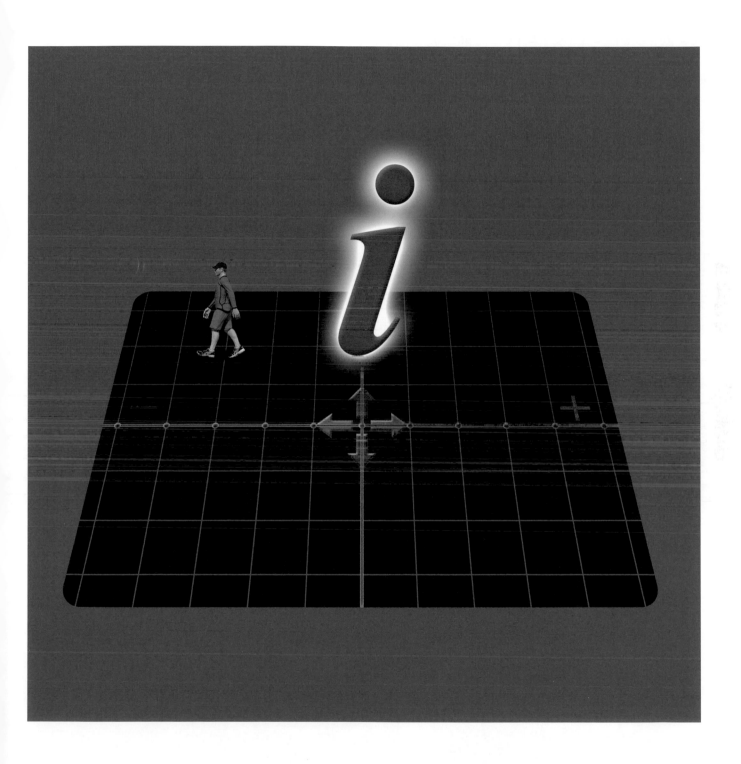

不存在於實數當中、用「i」表示的神奇數

任意實數平方後為正（正數），如（-1）×（-1）$=1$，（$-\sqrt{2}$）×（$-\sqrt{2}$）$=2$。不管怎麼翻找實數的世界，都不存在「平方為負（負數）的數」。然而，將不存在於實數當中「平方為負的數」，刻意承認為「新數」的就是「虛數」※，英文稱為「imaginary number」（想像出來的數）。

18世紀，瑞士數學家歐拉（Leonhard Euler，1707～1783）使用乍看不可能存在的虛數來探究數學。歐拉將「平方後為-1的數」定義為「虛數單位」，符號記為imaginary的字頭「i」，亦即$i^2=-1$。使用根號（$\sqrt{\ }$，平方根的符號）表示，可寫成$i=\sqrt{-1}$。

歐拉以天才般的計算能力，解明了虛數具有的重要性質（見第4章）。

虛數是不容易想像、難以被人接受的數

虛數跟我們熟悉的實數截然不同，虛數沒辦法像「i個蘋果」這樣連結物體的個數、量，因而讓人覺得難以想像。實際上，後面會提到，虛數被發現後，數學家花了很長的時間才接受虛數。

※：關於虛數的詳細定義，會在第3章（72頁）介紹。

$$i^2 = -1$$

歐拉
（1707～1783）
瑞士數學家。曾在聖彼得堡、柏林等地研究數學，以史上論文產量最多的數學家而聞名。除了虛數之外，也深入研究三角函數、對數、微積分等數學領域，奠定了今日的數學基礎。

「i 個蘋果」不存在

自然數能連結蘋果等物體的個數。除了自然數之外，分數（有理數）、無理數等實數，都能連結物體的大小、長度等具體的量，而虛數沒有辦法如「i 個蘋果」連結具體的量。本頁以插畫表現虛數的不可思議。

是否有兩個數「相加為10、相乘為40」?

為什麼會使用到虛數?其實,有些問題要使用虛數才能回答。下面來看看相關的例子。

16世紀義大利數學家卡當諾在《大術》(Ars Magna)中,收錄了以下的問題:

> 已知兩個數相加為10、相乘為40,試問兩個數分別為多少?

如同下面的插圖,使用小木片排成四邊形,來討論這個問題吧。首先,將此問題答案的「兩個數」,想作是木片的「橫向片數」和「縱向片數」。然後,將木片排成「橫向片數+縱向片數=10」的四角形,若能找到「橫向片數×縱向片數=40」(也就是木片總數為40

橫+縱=10

如上述條件將木片排成四邊形時,有木片總數為40片(下式)的排法嗎?

橫 × 縱=40

將木片排成四邊形討論卡當諾問題

插圖是將「橫向片數+縱向片數=10」的木片,排成四邊形的三種情況。不管是哪種排法,木片的總數都不會是40片。

橫向 5 片 + 縱向 5 片 = 10

橫向 5 片

縱向 5 片

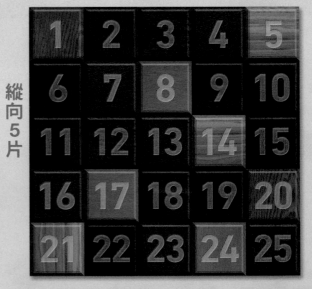

橫向 5 片 × 縱向 5 片 = 25

片）的排法，則此時的「橫向片數」和「縱向片數」就是問題的答案。

卡當諾問題
找不到答案？

首先，木片排成橫向5片、縱向5片（5＋5＝10）的形狀（最左邊的插圖）時，木片的總數會是25片（5×5＝25），可知這個排法並沒有滿足問題的條件。

那麼，如果將木片排成橫向4片、縱向6片（4＋6＝10）呢？此時，木片的總數會是24片（4×6＝24），這也沒有滿足問題的條件。

在像這樣嘗試所有組合後會發現，橫向5片、縱向5片是木片總數最多的情況，其他的排法都會少於25片。換言之，只要「橫向片數＋縱長片數＝10」，就沒有木片總數為40片的排法，這代表卡當諾所提出的問題沒有答案。

然而，《大術》竟然收錄了這個問題的具體答案，也就是虛數。下一頁就來討論這個答案。

橫向**4**片 ＋ 縱向**6**片＝**10**

橫向4片

縱向6片

橫向**4**片 × 縱向**6**片＝**24**

橫向**2**片 ＋ 縱向**8**片＝**10**

橫向2片

縱向8片

橫向**2**片 × 縱向**8**片＝**16**

不可能出現橫向片數 × 縱向片數＝40（木片總數為40片）！

使用「平方為負的數」就能解答卡當諾問題

卡當諾問題的答案是「5＋$\sqrt{-15}$」和「5－$\sqrt{-15}$」這兩個數。

「$\sqrt{-15}$」意為「平方後為－15的數」，也就是虛數。那麼，「5＋$\sqrt{-15}$」

和「5－$\sqrt{-15}$」真的是問題的答案嗎？

首先，將「5＋$\sqrt{-15}$」和

卡當諾

（1501～1576）

義大利米蘭的醫師、數學家，1545年出版《大術》。《大術》中記載了三次方程式、四次方程式的解法，以及用這些解法能解開的問題。

卡當諾記載於《大術》的虛數

左頁右上是卡當諾在《大術》中記載的負平方根（虛數）；右頁是卡當諾的解法。

卡當諾記載的答案

上圖是卡當諾在《大術》中記載的答案。在卡當諾的時代，尚未出現表示平方根的符號 √（根號），而是將根的拉丁語Radix簡記為「Rx」。順便一提，正號記為「p：」、負號記為「m：」。下面所示為現代的表示法。

$$5+\sqrt{-15}$$

$$5-\sqrt{-15}$$

卡當諾提到：「雖然真的很難接受，但這兩個數的乘法結果為40，的確滿足條件。」他也補充：「這是詭辯，數學精密化到這種程度，也沒有實用價值了。」卡當諾雖然揭示了虛數的答案，但並沒有接受虛數。

「5−$\sqrt{-15}$」相加，$\sqrt{-15}$ 的部分會彼此抵消，計算結果為 10；而兩數相乘（關於虛數的計算，會在第 3 章詳細介紹）為

$$(5+\sqrt{-15}) \times (5-\sqrt{-15})$$
$$=25-(5\times\sqrt{-15})+(5\times\sqrt{-15})$$

$$+15=40$$

的確滿足卡當諾問題的條件（成為答案）。

卡當諾首度揭示，使用虛數能解開沒有答案的問題。然而，他也在書中記述虛數（負數的平方根）是「一種詭辯的概念，可能沒有實用上的意義」，看起來並沒有完全接受虛數。

卡當諾的解法

以「比 5 大 x 的數」和「比 5 小 x 的數」的組合，尋找相乘為 40 的數。假設兩數分別為（5+x）、（5−x），則

$$(5+x)\times(5-x)=40$$

使用國中學到的公式（$a+b$）×（$a-b$）＝a^2-b^2 變形左式，會得到

$$5^2-x^2=40$$

因為 $5^2=25$
$$25-x^2=40$$

移項後
$$x^2=-15$$

x 是「平方後為 -15 的數」，但這樣的數不存在。然而，卡當諾什書中將「平方後為 -15 的數」寫成「$\sqrt{-15}$」，把它當成普通的數來處理，得到「比 5 大 x 的數」和「比 5 小 x 的數」的組合，把「5+$\sqrt{-15}$」和「5−$\sqrt{-15}$」看成答案。

《大術》（Ars Magna）

卡當諾於 1545 年撰述的數學著作記載了三次方程式、四次方程式的解法與使用這些解法能解開的練習題。

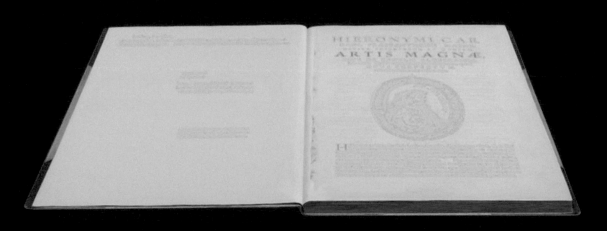

虛數因奇妙的特性而難以被接受

除了卡當諾之外，當時的數學家也難以接受這個名為虛數的奇妙數。例如，笛卡兒認為負數是「虛偽的解」，也不認同虛數，將「負數的平方根」（亦即虛數）稱為「nombre imaginaire」，該詞後來變成虛數「imaginary number」的英文語源。

笛卡兒
（1596～1650）

以「我思故我在」聞名的法國哲學家、數學家。笛卡兒是第一位提出「所有圖形問題都能轉為計算問題」的數學家，但他將計算中頻繁出現的「負數」、「虛數」，稱為「虛偽的解」、「想像出來的數」，可見心中並不認同。

nombre imaginaire

imaginary number

與虛數的格鬥

在卡當諾書中出現的「負數的平方根」，並未馬上被數學家接受，笛卡兒稱之為「想像出來的數」。而沃利斯則是試圖正當化虛數的存在（右頁）。

虛數是「想像出來的數」

笛卡兒將負數的平方根稱為「nombre imaginaire」（法語意為「想像出來的數」），該詞後來成為「imaginary number」（虛數）的語源。

另一方面，創立無限大符號「∞」的知名英國數學家沃利斯（John Wallis，1616～1703）提出下述說法，試圖正當化虛數的存在。

「某人獲得面積1600的土地，但後來失去面積3200的土地，整體獲得的面積可表示為－1600。若將此負數面積的土地整頓成正方形，則應該存在單邊的長度。該長度既不為40也不是－40，而是負的平方根，亦即 $\sqrt{-1600} = 40\sqrt{-1}$。

雖然這個說法屬於詭辯，在實際丈量土地時，並無法這樣用，沒有必要認真看待，但能從中窺知沃利斯試圖認同虛數。

沃利斯

（1616～1703）

英國數學家。著有討論求積問題的《無窮算術》（Arithmetica infinitorum），影響了牛頓（Isaac Newton，1642～1727）。他也以導入無限大的符號（∞）廣為人知，是英國皇家學會的創始人之一。

失去的土地
（面積1600的正方形）

失去的土地邊長是虛數？

沃利斯提出下述說法，試圖正當化虛數的存在。

「某人獲得面積1600的土地，但後來失去面積3200的土地，整體獲得的面積可表示為－1600。若設將此負數面積的土地整頓成正方形，則應該存在單邊的長度。該長度既不為40也不是－40，而是負的平方根，亦即 $\sqrt{-1600}=40\sqrt{-1}$」。

虛數在視覺化後，才終於被人接受

在 24頁提到，所有實數都會落在數線上的某處。然而，虛數不存在於數線上。沒辦法視覺化想像，是虛數難以被接受的原因之一。這跟負數能在數線上表示後，才終於廣為人接受的情況類似（16頁）。

那麼，要如何才能視覺化表示虛數呢？想出表示方法的人是丹麥的測量技師韋塞爾。韋塞爾認為，既然虛數不在數線上，那就在數線「外」從零的位置（原點）朝上下延伸箭頭來表示虛數就行了。

然後，與韋塞爾幾乎同一時期，法國的會計師阿爾岡和德國數學家高斯，也分別提出類似的想法。

以水平的數線表示實數、以與之垂直的另一條數線表示虛數，就能作成有縱橫兩個軸的平面。虛數可表示為該平面上的點。

組合實數與虛數的新數——複數

高斯將該平面上的點所表示的數命名為「複數」。複數是指用實數加上虛數的複數要素來表示的數，如實數的「2」加上虛數的「$3i$」會是「$2+3i$」。能像這樣書寫的新數概念就是複數。

表示複數的平面稱為「複數平面」（complex plane，或複平面）。在發現複數平面後，虛數才得以視覺化表示，為大眾所知。

虛數能在平面上表示

右頁插圖是表示實數的數線（上圖），與表示實數加上虛數的「複數平面」（下圖）。複數平面有時會根據發現者的名字，稱為「高斯平面」、「阿爾岡平面」。

高斯
（1777～1855）

德國數學家、物理學家。數學才華過人，被譽為19世紀最偉大的數學家。除了數學之外，在電磁學、天文學也留下優異的成就。

表示實數的「數線」

實數可用數線上的一點來表示。

表示虛數（複數）的「複數平面」

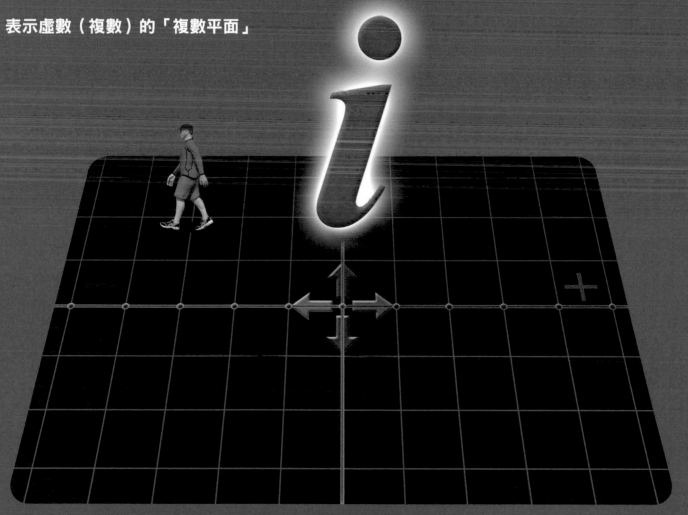

虛數（複數）可用複數平面上的一點來表示。

「二次方程式」不一定有實數解

歐洲在17世紀之前無法接受「負數」的概念，也沒辦法回答「7－9」這類的減法運算。然而，印度發明的「零」於17世紀開始傳入歐洲後，人們開始接受負數，能回答「7－9」的減法結果為「－2」。如此一來，實數的四則運算都能在實數的範圍內找到答案（除了零的除法運算）。

數的世界的擴張走到終點了嗎？其實並沒有，儘管數的概念不斷擴張，但還是存在無法僅以實數回答的問題。

在48頁介紹的「相加為10、

▷ 如何辨別有沒有解呢？

二次方程式有沒有解，可如右畫出圖形來確認。然而，其實只要調查二次方程式公式解中平方根內「b^2-4ac」的正負號，即便沒有實際解開、畫出圖形，也能判斷有沒有解。這個「b^2-4ac」稱為「判別式」（discriminant），符號記為D。D＞0時，解有兩個（1），D＝0時，解有一個（2）；D＜0時，不存在實數解。

二次方程式的公式解

二次方程式 $ax^2+bx+c=0$ 的解為

$$x=\dfrac{-b\pm\sqrt{b^2-4ac}}{2a}$$

二次方程式的判別式

二次方程式 $ax^2+bx+c=0$ 的判別式為

$$D=b^2-4ac$$

・D＞0時，解有兩個
・D＝0時，解有一個（重根）
・D＜0時，沒有實數解

1. 判別式 D＞0 的情況

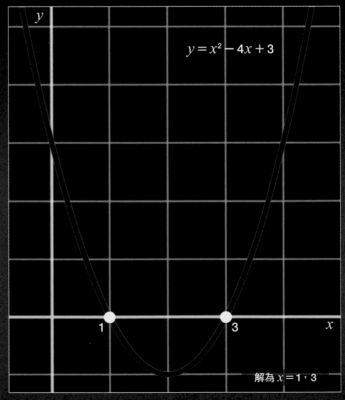

$y=x^2-4x+3$

解為 $x=1$，3

$$D=4^2-4\times1\times3$$
$$=16-12$$
$$=4>0$$

相乘為40的兩個數為何？」卡當諾問題正是一個例子。

倘若有「平方為負的數」的話……

卡當諾問題可改寫成「試求$25-x^2=40$的x」（參見51頁），整理式子後得到「$x^2=-15$」，亦即「找出平方後為-15的數」。然而，實數中不存在平方後為負的數。因此，

這個問題絕對無法在實數裡找到答案。

出現x^2的方程式稱為「二次方程式」。早在西元前2000年左右，美索不達米亞人已經知道找出二次方程式答案（解）的必勝法（下頁）。這個方法的本質跟我們在國中學到的「二次方程式的公式解」（左頁）相同。

然而，使用這個必勝法求解上面的問題會出現「平方後為

負的數」而變得無法計算。據說，美索不達米亞人選擇不處理這類沒有答案的方程式。

「要是有『平方後為負的數』，應該就能回答過去認為沒有答案的二次方程式。」直到3500年後的16世紀，才有數學家察覺到這一點。　🪐

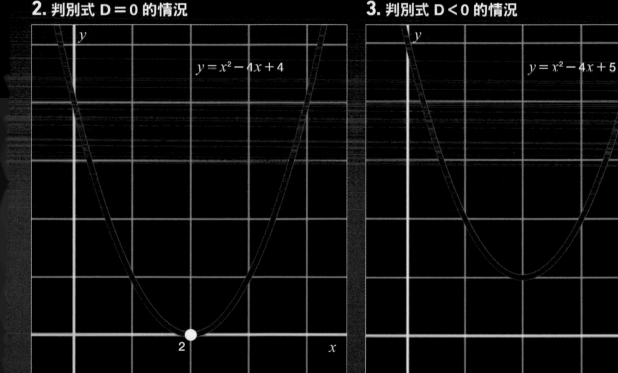

2. 判別式 D＝0 的情況

$y=x^2-4x+4$

2

x

解為 $x=2$

$D=4^2-4\times1\times4$
$=16-16$
$=0$

3. 判別式 D＜0 的情況

$y=x^2-4x+5$

x

沒有實數解

$D=4^2-4\times1\times5$
$=16-20$
$=-4<0$

擁有4000年歷史的「二次方程式」

 代美索不達米亞文明的黏土版「BM13901」刻了這個問題：

「已知正方形的面積減去單邊長度為870，試求該正方形的邊長。」

當時像這樣以文章描述方程式，換成現代的寫法會是

「試解方程式 $x^2 - x = 870$。」

約4000年前的古代美索不達米亞人早就知道跟我們在數學課學到的「二次方程式的公式解」（參見前頁）本質相同的計算方法。套用這個公式可如下求解：

$$x = \frac{-(-1) \pm \sqrt{(-1)^2 - 4 \times 1 \times (-870)}}{2 \times 1}$$

$$= \frac{1}{2} \pm \frac{\sqrt{1 + 4 \times 870}}{2}$$

$$= \frac{1}{2} \pm \sqrt{\frac{1}{4} + 870} = 0.5 \pm \sqrt{870.25}$$

$$= 0.5 \pm 29.5$$

但因正方形的邊長必須是正數，所以解為 $x = 30$。

古代美索不達米亞人的二次方程式解法

美索不達米亞人實際求解的方法是什麼呢？據說，美索不達米亞人知道周長相等的正方形與長方形面積有這個關係：

「邊長為 A 的正方形面積 A^2，會比周長相同但邊長橫向拉長 B 的長方形面積 $(A+B)(A-B)$ 多出邊長為 B 的正方形面積 B^2。」……①

知道這項事實的話，就有可能求解二次方程式 $x^2 - x = 870$。

將方程式的左邊整理成

$$x^2 - x = x(x-1)$$

關鍵是將這個 $x(x-1)$ 視為「長邊 x、短邊 $(x-1)$ 的長方形面積」，而長方形的面積是870。

另外，這個長方形也可看成「將邊長為 $(x-0.5)$ 的正方形，維持周長不變橫向拉長0.5的形狀」。

由關係①可知：

「邊長為 $(x-0.5)$ 的正方形面積 $(x-0.5)^2$，會比長方形面積870多出 0.5^2 的大小。」

這可列出這個式子：

$$(x-0.5)^2 = 870 + 0.5^2$$

兩邊取正的平方根後會是 $x - 0.5 = \sqrt{870.25}$，移項後得到 $x = 0.5 + \sqrt{870.25}$。

算出 $\sqrt{870.25} = 29.5$ 後（由九九乘法進階版的兩位數乘法表找出答案），可求得 $x = 0.5 + 29.5 = 30$。這個計算的本質跟我們在數學課堂上學的「二次方程式的公式解」相同。

⊙ 古代美索不達米亞文明的黏土版「BM13901」

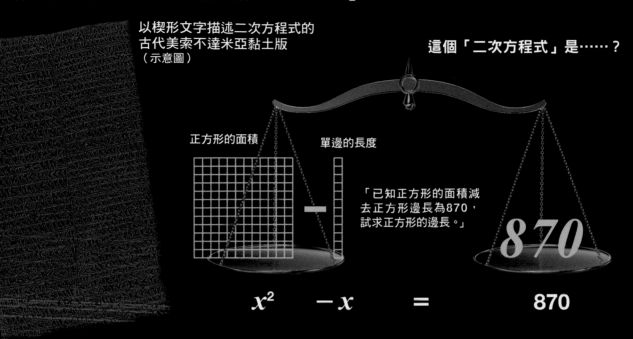

以楔形文字描述二次方程式的
古代美索不達米亞黏土版
（示意圖）

這個「二次方程式」是⋯⋯？

正方形的面積　　　　單邊的長度

「已知正方形的面積減
去正方形邊長為870，
試求正方形的邊長。」

870

$$x^2 \quad -x \quad = \quad 870$$

⊙ 古代美索不達米亞人這樣求解二次方程式

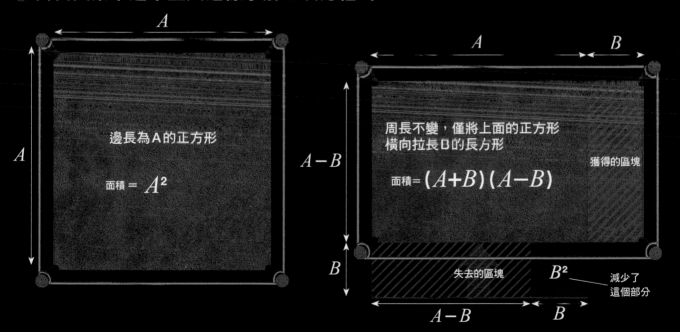

A

邊長為A的正方形

面積 $= A^2$

A

$A \qquad\qquad B$

$A-B$

周長不變，僅將上面的正方形
橫向拉長B的長方形

面積 $= (A+B)(A-B)$

獲得的區塊

B

失去的區塊　　　B^2

減少了
這個部分

$A-B \qquad\qquad B$

周長不變將正方形轉為長方形後，失去的區塊肯定會比新獲得的區塊（紅色斜線
部分）還大。比較邊長為 A 的正方形與正方形橫向拉長 B、縱向縮短 B 的長方
形，可知：

相較於正方形的面積 A^2，
長方形的面積 $(A+B)(A-B)$ 減少了 B^2。

以二次方程式的「公式解」求解卡當諾問題

⊜ 卡當諾問題

> 已知存在兩個數相加為10、
> 相乘為40，
> 試問這兩個數分別為多少？

⊜ 解法

$$A + B = 10 \quad \cdots\cdots ①$$

$$A \times B = 40 \quad \cdots\cdots ②$$

同時存在兩個未知數無法求解，所以消去②式中的 B 吧！
將①的移項 $B = 10 - A$ 代入②，消去 B 就變成僅有 A 的二次方程式：

$$A \times (10 - A) = 40$$

去掉括號後，

$$A \times 10 - A \times A = 40$$

為了套用公式解，將式子整理為「$aA^2 + bA + c = 0$」的形式：

$$-A^2 + 10A - 40 = 0$$

使用公式解……　→ ？？？？？？

$$A = 5 \pm \sqrt{-15}$$

$A=5+\sqrt{-15}$時，由①可知$B=5-\sqrt{-15}$；

$A=5-\sqrt{-15}$時，由①可知$B=5+\sqrt{-15}$。

因此，所求的兩個數是$5+\sqrt{-15}$和$5-\sqrt{-15}$。

答案：

兩個數是　$5+\sqrt{-15}$　和　$5-\sqrt{-15}$　。

「二次方程式的公式解」的計算是？

將二次方程式$-A^2+10A-40=0$，套用56頁的「二次方程式的公式解」求解。
公式解代入$a=-1$，$b=10$，$c=-40$，計算過程如下：

$$A = \frac{-b \pm \sqrt{b^2 - 4ac}}{2a}$$

$$= \frac{-10 \pm \sqrt{10^2 - 4(-1) \times (-40)}}{2 \times (-1)}$$

$$= \frac{-10 \pm \sqrt{100 - 160}}{-2} = \frac{-10 \pm \sqrt{-60}}{-2}$$

$$= \frac{-10 \pm \sqrt{4 \times (-15)}}{-2} = 5 \pm \sqrt{-15}$$

11

虛數誕生的契機是
16世紀的「數學擂台」

卡 當諾那個時代流行「數學擂台」，數學家之間在公開場合互相出題，一較高下。其實，虛數的誕生跟這個數學擂台中所出現的

「三次方程式」問題密切相關。

三次方程式是指含有未知數 x 三次方的式子，如 $x^3 - 15x - 4 = 0$。滿足該方程式的

未知數 x 為多少？能計算這個答案（解）的「公式」，稱為「公式解」。

同時代的義大利數學家馮塔那（Niccolò Fontana，塔

米蘭
布雷西亞
威尼斯
波隆那

義大利

塔塔利亞（馮塔那）
（1499～1557）

塔塔利亞小時候在戰爭中遭到士兵砍傷下巴，留下說話障礙的後遺症，塔塔利亞（口吃）是他的綽號，他後來也這麼稱呼自己。據說，塔塔利亞因為家境貧窮沒有上學，是靠自力習得數學。

塔塔利亞勘正了歐幾里得（Euclid）《幾何原本》（Stoicheia）在拉丁文譯本中的錯誤。塔塔利亞在物理學方面的研究，後來也影響伽利略（Galileo Galilei，1564～1642）。

塔利亞的本名）發現「三次方程式的公式解」，卡當諾在《大術》中介紹了相關的研究結果。因此，原本應為塔塔利亞發現的三次方程式公式解，卻被稱為「卡當諾公式」（下頁）。

塔塔利亞和費爾的30場比賽

塔塔利亞出生於義大利北部的布雷西亞（Brescia），1534年為了追求名聲來到水都威尼斯。隔年，義大利波隆那大學數學教授費洛（Scipione del Ferro，1456～1526）的弟子費爾（Antonio Fior，1506～?），向塔塔利亞提出挑戰。

費爾自認有把握贏得比賽。當時的人認為三次方程式不存在公式解，但老師費洛悄然發現了解法，並傳授給費爾。費爾向塔塔利亞拋出30道理應只有自己知道解法的三次方程式問題，例如：

「某位商人以500達卡特（ducat）的價格賣掉藍寶石。已知進貨價格剛好等於獲利的立方，試問商人獲得多少利益？」（達卡特是當時威尼斯的貨幣單位）。這道問題可改寫為「$x^3＋x＝500$」。

然而，比賽的結果卻出乎眾人意料，比數為30比0，塔塔利亞大獲全勝。塔塔利亞早已想出比費洛的解法更容易運用的三次方程式公式解。

◉ 塔塔利亞在數學擂台中解開的其中一個問題

問題：某位商人以520達卡特[※]的價格賣掉藍寶石。已知進貨價格剛好等於獲利的立方，試問商人獲得多少利益？

威尼斯的達卡特金幣

藍寶石

解法：
假設獲利為 x，則進貨價格會是 x^3，兩者相加等於賣出價格的520。可以寫成以下的三次方程式：

$$x^3＋x＝520$$

兩邊同減520，

$$x^3＋x－520＝0$$

三次方程式的公式解（下頁）代入 $p＝1$，$q＝-520$，可如下求解：

$$x＝\sqrt[3]{260＋\sqrt{\frac{1825201}{27}}}＋\sqrt[3]{260－\sqrt{\frac{1825201}{27}}}$$

後面難用紙筆計算，使用能開立方根的工程計算機，可得到下述結果：

$$x＝（8.041451884……）＋（-0.041451884……）＝8$$

$x＝8$ 的確滿足原方程式，可知這就是答案。

答：獲利 8 達卡特（進貨價格為 $8^3＝512$ 達卡特）

※：塔塔利亞實際解開的問題賣價不是520而是500，求得解不是整數。

塔塔利亞與《大術》

塔塔利亞發現了三次方程式公式解，但是沒有告訴任何人。接著登場的是虛數的生父卡當諾。卡當諾聽聞塔塔利亞的傳聞後，多次拜訪請益三次方程式的公式解。最後，塔塔利亞心一軟，以不告訴別人為條件，在1539年告訴卡當諾公式解（更正確來說，是描述公式推導順序的詩文）。

然而，1545年，塔塔利亞看完卡當諾的《大術》後勃然大怒。因為當初卡當諾說好了不會透露三次方程式公式解法，卻把它寫在書裡。

不過，卡當諾辯稱，書裡寫的不是塔塔利亞當初說的原式，而是經過自己改良，能更方便運用的式子。而且，他在書中也有明確標示塔塔利亞發明的部分。

邦貝利活用虛數

使用卡當諾的公式後，有些問題（方程式）的答案會出現虛數。其實，三次方程式至少會有一個實數解，但對具有兩個以上實數解的三次方程式，使用卡當諾的公式求解後，三次方根中的平方根（圖中公式的著色部分）會是虛數。

卡當諾的公式（三次方程式的公式解）

三次方程式

$$x^3 + px + q = 0$$

其解可用下式求得。

$$x = \sqrt[3]{-\frac{q}{2} + \sqrt{\left(\frac{q}{2}\right)^2 + \left(\frac{p}{3}\right)^3}} + \sqrt[3]{-\frac{q}{2} - \sqrt{\left(\frac{q}{2}\right)^2 + \left(\frac{p}{3}\right)^3}}$$

根據 p 和 q 值的不同，上式的著色部分會是虛數，無法計算。

例如，三次方程式 $x^3 - 15x - 4 = 0$ 的解，使用卡當諾的公式後，

$$x = \sqrt[3]{2 + 11\sqrt{-1}} + \sqrt[3]{2 - 11\sqrt{-1}}$$

會出現虛數的 $\sqrt{-1}$。順便一提，$\sqrt[3]{}$ 是表示立方根（立方後為根號中數字的數）的符號。

然而，此三次方程式的解其實是 4、$-2 + \sqrt{3}$、$-2 - \sqrt{3}$ 等，明明都是實數解，使用卡當諾的公式後卻出現虛數，無法繼續算下去。

進一步研究卡當諾公式中「負的平方根」的人是義大利數學家邦貝利（Rafael Bombelli，1526～1572）。邦貝利注意到 $2 + \sqrt{-1}$ 立方後為 $2 + 11\sqrt{-1}$，$2 - \sqrt{-1}$ 立方後為 $2 - 11\sqrt{-1}$，能拿掉剛才含於解當中的三次方根，得到 $x = 2 + \sqrt{-1} + 2 - \sqrt{-1} = 4$。

於是，邦貝利便揭示含於解中的虛數有時會完全抵消，轉變成僅有實數的解。

也就是說，有某些三次方程式可以利用虛數來獲得實數的解。　　　　　　 ☞

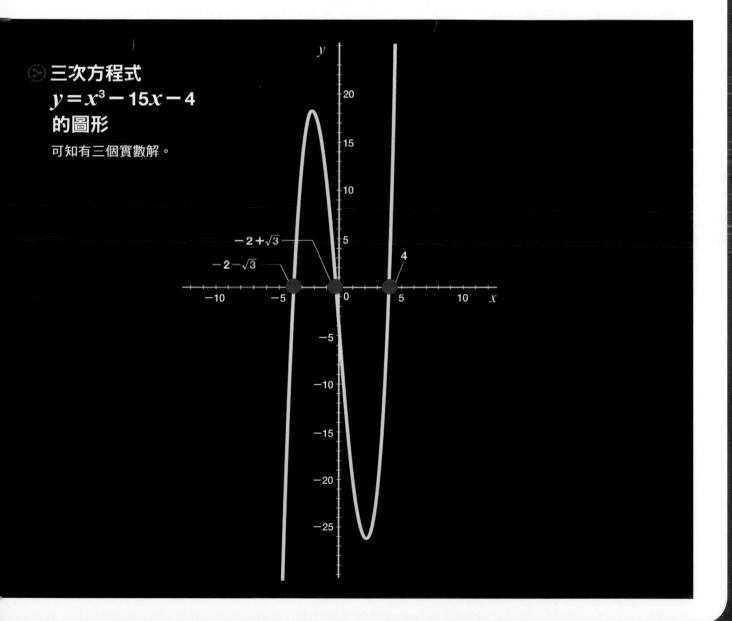

▶ 三次方程式
$y = x^3 - 15x - 4$
的圖形

可知有三個實數解。

$-2 + \sqrt{3}$

$-2 - \sqrt{3}$

4

卡當諾喜歡賭博，還促成機率論發展

當諾是母親在1501年逃到義大利的帕維亞（Pavia）所生的私生子，雖然說是私生子，但母親只是因疫病流行暫時疏散，後來有與卡當諾的父親結婚。

卡當諾的父親是米蘭的知名律師，擁有幾何學等數學基礎的知識份子，也是達文西（Leonardo da Vinci）的友人。卡當諾從父親身上學到數學和語言學。

1524年，卡當諾取得義大利帕多瓦大學的醫學學位。但是父親認為律師才是社會地位高，且能獲得財富、權力與家族名聲的職業。據說，他得知卡當諾沒有打算繼承衣缽後，流下悲傷的眼淚。

儘管如此，成為醫生的卡當諾因私生子的身分，曾被米蘭醫師會拒於門外。然而，隨著他身為醫生的名聲高漲、受到關注，米蘭醫師會不久後承認了他的入會資格。卡當諾也以發現流行性斑疹（epidemic typhus）而聞名。

卡當諾不僅鑽研醫學，對天文學、物理學、數學等領域的問題也有興趣，甚至將興趣發展到賭博、占星術（占星術在當時是醫學的領域之一）。使他成為典型文藝復興概念的「全人」（homo universalis）。

卡當諾預言自己的死期

卡當諾身為數學家最為顯赫的成就是在《大術》中介紹了三次方程式的公式解，開始導入虛數的概念（參見50～51頁、64頁）。

熱愛賭博的卡當諾也寫了《論賭博遊戲》（liber de ludo aleae）（於卡當諾死後才出版）。卡當諾在這本書中解決了這個問題：

「同時投擲兩顆骰子時，要猜測其點數和為多少，才最有利呢？」

骰子擲出的點數為1、2、3、4、5、6之一，兩顆骰子的點數組合共有6×6＝36種。在這36種組合中，兩顆骰子點數和為2僅發生在點數皆為1的情況。也就是說，兩顆骰子點數和為2的模式僅有1種。

同理，兩顆骰子點數和為3、4、5、6、7、8、9、10、11、12的模式，分別有2、3、4、5、6、5、4、3、2、1種，骰子點數和為7的模式最多（6種）。因此，「猜測點數和為7最為有利」。

卡當諾率先留下有關機率論的成就，據說他雖然生性好賭，卻也自知「賭博賺不了錢」。證據就是他留下的名言：「對賭徒來說，不下注才能謀得最大的利益。」

然而，卡當諾的人生也毀於賭博。據說，他曾因用占星術推算耶穌的星位而入獄，又為了證明自己能預言自己的死期而斷食（也有一說是服毒），最後在自身預言的日子身亡。

卡當諾
（1501～1576）

Q1 複數平面為何又稱「高斯平面」?

Q 複數平面有時也稱「高斯平面」。根據54頁所述,韋塞爾和阿爾岡也在同一時期提出複數平面的想法,但為什麼沒辦法像高斯一樣冠名?

A 據說第一位發表複數平面想法的人其實是韋塞爾。韋塞爾出生於丹麥統治下的挪威。他的職業是一名測量技師,苦思要如何運用虛數與複數,來提升測量技師的工作效率。

結果,韋塞爾想出了複數平面,也就是在肉眼可見的圖上表示虛數。他把這個想法寫成《方向的解析表示》(On the Analytical Representation of Direction)這篇論文,於1799年發表。不過,早在兩年前的1797年,丹麥的科學學院已經發表過類似的內容。

然而,這些都是以丹麥語發表。**在當時的歐洲,用丹麥文寫成的文獻很少傳到國外。**因此,韋塞爾好不容易想出來的複數平面並未普及,而是埋沒

了長達100年之久。

這篇論文在1899年翻譯成法文,才得以重見天日。此時韋塞爾去世已久,而世人已廣泛認為複數平面是法國數學家阿爾岡及德國數學家高斯所發現的。

高斯被認為很有可能比韋塞爾更早想到複數平面的概念。在韋塞爾發表複數平面論文的前一年,高斯已於1796年有了重要發現──「正十七邊形能用直尺和圓規來作圖」(參見84頁、113頁)。

正十七邊形的作圖必須用到複數、複數平面的概念。這項事實說明高斯已經在1796年想到複數平面的概念。根據這些事實,就能認同複數平面為何稱為「高斯平面」了吧! 🪐

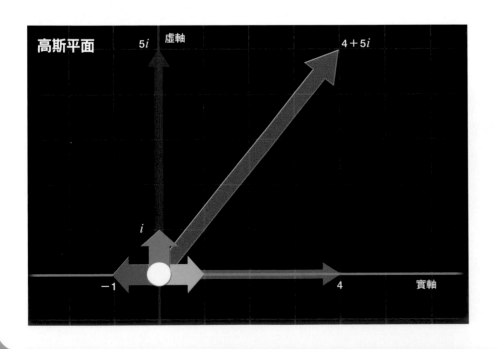

高斯平面

Q2 虛數能 比較大小嗎？

Q 前面在54～55頁介紹了「虛數數線」（虛軸）。在實數的數線上，愈往右邊的數愈大，能簡單比較大小。那麼，在虛數數線上，可以說愈往上面的數愈大嗎？

（日本富山縣南礪市，N.M.先生）

A 當終點位於東邊，「往東前進1步」和「往東前進－1步」（往西前進1步）何者比較有利呢？當然是前者比較有利，這樣想就能決定「＋1大於－1」。

那麼，當終點位於東邊，「往東前進i步」（往北前進1步）和「往東前進－i步」（往南前進1步）何者比較有利呢？兩者無法比較，沒辦法說哪個比較有利，這樣想就知道「沒辦法決定i和$-i$的大小」。如同上述，在虛軸上的虛數無法區別大小。

其實人們已經證明，複數之間不可能像其他事物般定義大小。雖然根據狀況，有時候會比較複數的絕對值大小、實數部分（或虛數部分）的大小，但這些都不能說是一般的大小關係。

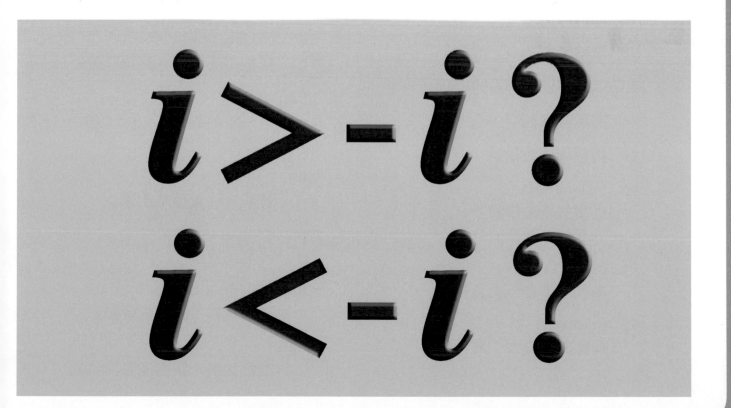

3

虛數與複數

人類不斷創造新數、持續擴張數的概念，終於抵達實數加上虛數的「複數」。在數學、物理學上，虛數和複數運算扮演著重要的角色。第 3 章就來學習虛數、複數的具體計算方法。

72. 複數的表示方式

74. 複數的加法

76. 複數的乘法 ①〜②

80. 以虛數求解奇妙的謎題 ①〜②

84. 高斯與複數 ①〜②

88. 數擴張的終點站

90. Column 13
以複數平面確認
「卡當諾問題」

91. Colum 14
為什麼不是「負負得負」？

92. Column 15
複數的「極式」是什麼？

94. Column 16
在幾何學上運用複數平面

97. Column 17
複數平面的反轉與無窮遠點

98. Q&A 3
－1 的 4 次方根、8 次方根、16次方根該如何計算？

100. Column 18
證明「代數基本定理」

104. Column 19
碎形與複數

106. Column 20
以複數的牛頓法求解碎形

108. Topics
黃金比例、正五邊形與負數

協助　礒田和美
協助・撰文（第 100 ～ 103 頁、第 108 ～ 115 頁）　木村俊一
撰文（第 106 ～ 107 頁）　小谷善行

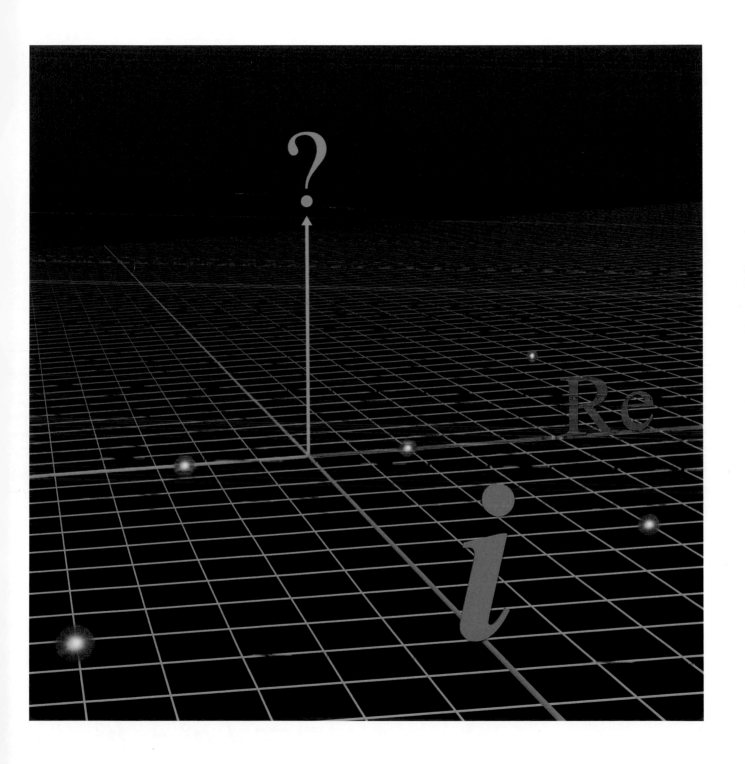

在平面上如何表示複數？
複數的「絕對值」
是多少？

實數加上虛數的複數可表示成複數平面的點，下面就來介紹具體的方法。

複數可用實數 a 和虛數 b 表示為「$a+bi$」，實部為5、虛部為4的複數是「$5+4i$」，右頁插圖表示複數 $5+4i$ 落在複數平面上的地方。

前面雖然將「平方後為負的數」稱為虛數，但高中數學是將虛部不為0的複數（例如5 $+4i$）全都稱為虛數。其中，實部為零的虛數（例如 $4i$）會特別稱為「純虛數」。

複數 $5+4i$ 的絕對值是多少？

實數的「絕對值」，被定義為數線上與原點的距離。相同地，複數 $a+bi$ 的絕對值，也被定義為複數平面上與原點的距離。具體來說，根據畢氏定理，$a+bi$ 的絕對值是 $\sqrt{a^2+b^2}$，如 $5+4i$ 的絕對值會是 $\sqrt{5^2+4^2}$ $=\sqrt{41}$。

5＋4i 落在
複數平面的什麼位置？

插圖表示複數 $5+4i$ 會落在複數平面上的什麼地方。$5+4i$ 是從原點（實數0）向橫軸（實軸）的正方向前進5、向縱軸（虛軸）的正方向前進4的點。該點與原點的距離（黃色箭頭的長度）是，用下式求得的「絕對值」大小。另外，黃色箭頭與實軸（正方向）所夾的角度為「輻角」（以逆時鐘的角度為正）。

令某虛數為 z，則可用實數 a 和 b、虛數單位 i 表示成

$$z = a + bi$$

然後，

其絕對值 $|z|$ 可表示成

$$|z| = \sqrt{a^2 + b^2}$$

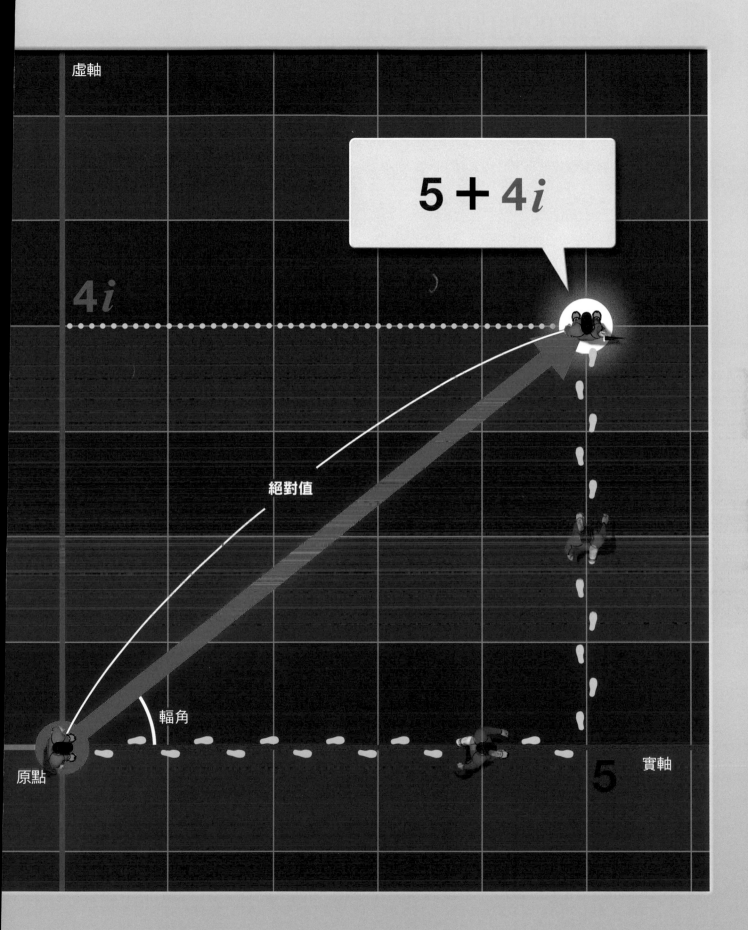

複數的加減運算是平面上的平行移動

兩個複數的加減運算是兩個實部、兩個虛部分別相加減。已知有兩個虛數 $a+bi$ 和 $c+di$，則加法是

$$(a+bi)+(c+di)$$
$$=(a+c)+(b+d)i$$

減法是

$$(a+bi)-(c+di)$$
$$=(a-c)+(b-d)i$$

複數的加法是頭尾相接箭頭

兩個複數的加法在複數平面上會如何表示呢？其實，複數的加法可想作是「頭尾相接複數平面上的兩個箭頭」。

例如，討論複數 $1+4i$ 加上複數 $3+i$（右頁插圖），這在複數平面上會是將「表示 $3+i$ 箭頭」（粉紅色）平行移動，頭尾相接到「表示 $1+4i$ 箭頭」（藍色）的終點。這樣操作的新終點就是加法的答案，由圖可知該終點為 $4+5i$。

計算複數的減法

另一方面，複數的減法在複數平面上會是什麼情況呢？例如，討論複數 $1+4i$ 減去 $3+i$，這在複數平面上要先將「表示 $-(3+i)$ 的箭頭」，想成是「表示 $3+i$ 箭頭」（粉紅色）相反方向的箭頭。

然後將「表示 $-(3+i)$ 的箭頭」平行移動，頭尾相接到「表示 $1+4i$ 箭頭」的終點。這樣操作的新終點就是減法的答案，由插圖可知該終點為 $-2+3i$。

另外也可以這麼做：從「表示 $3+i$ 箭頭」的終點連線到「表示 $1+4i$ 箭頭」的終點，平行移動該箭頭（綠色）到以原點為起點，則新的終點就是減法的答案。

試著將複數 $1+4i$ 和 $3+i$ 相加

插圖表示複數平面上複數 $1+4i$ 和 $3+i$ 的加法，以頭尾相接兩個表示複數的箭頭，可知得到加法的答案是（$4+5i$）。

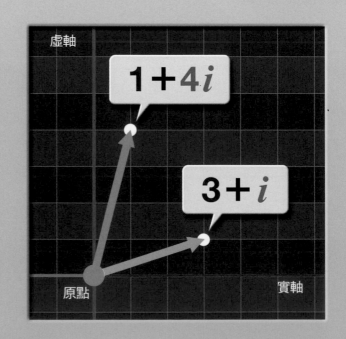

虛軸

$1+4i$

$3+i$

原點　　　　　　　　　實軸

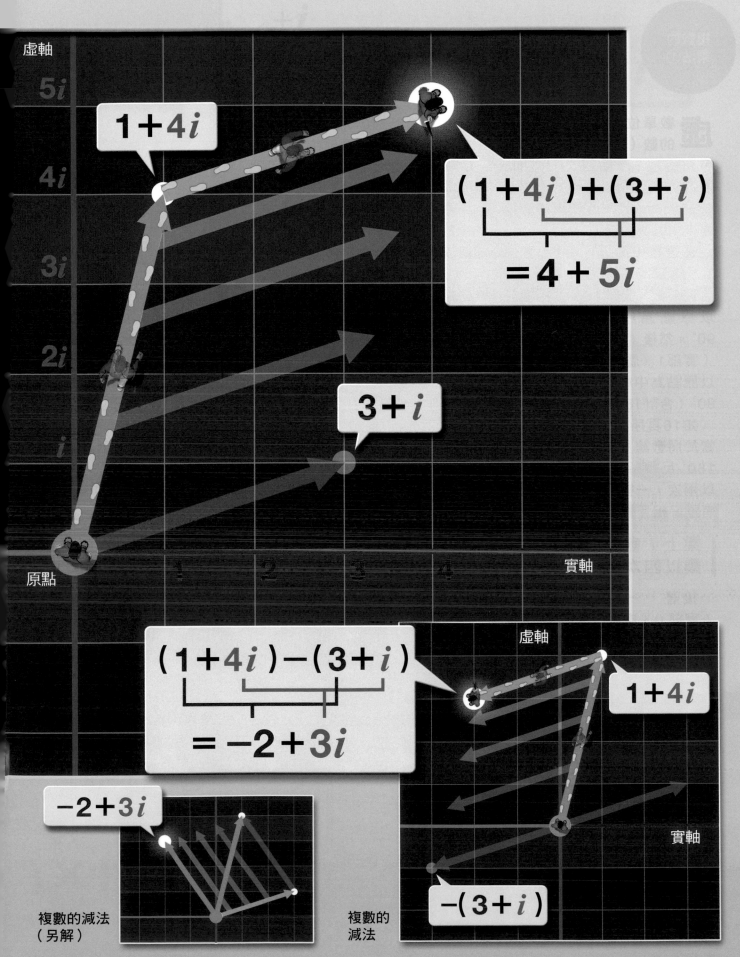

寶藏埋在島上的什麼地方？

接 著介紹使用複數平面性質求解的尋寶問題。

大霹靂理論（the big bang theory）創始人之一的美籍俄裔物理學家蓋模（George Gamow，1904～1968）在《從一到無窮大》（one two three...infinity）收錄的問題[※]，這個問題強調了複數計算的重要性。

讀者要不要挑戰一下右邊的問題呢？答案在82頁。

※：這個問題即便不用複數平面或虛數，也可用一般的實數 xy 平面求解。然而，蓋模將問題中「90度方向轉換」的操作轉為「虛數 i（或－i）的乘法」，試圖加深讀者對複數 i 的乘法相當於「複數平面上的 90 度旋轉」的印象。

蓋模
（1904～1968）

蓋模的問題

某座無人島上埋了寶藏，上有埋藏位置的文件是這麼寫的：

> 島上有座用來處死叛徒的絞刑台、一棵橡樹與一棵松樹。
>
> 首先，站在絞刑台前，朝向橡樹筆直前進並計算步數，抵達橡樹後右轉90度，走相同步數後打下第一根木樁。
>
> 回到絞刑台，這次朝向松樹筆直前進並計算步數，抵達松樹後左轉90度，走相同步數後打下第二根木樁。寶藏就埋在第一根木樁與第二根木樁的中間點。

一個年輕人得到文件，到了那座無人島，發現島上雖有松樹和橡樹，卻沒有絞刑台，看來絞刑台已經腐朽。年輕人不知如何是好，只好亂挖一通，徒勞無功，最後只好放棄。

然而，如果年輕人會使用虛數，即便不曉得絞刑台的位置，也應該能找到寶藏的埋藏地。試問寶藏埋在什麼地方？

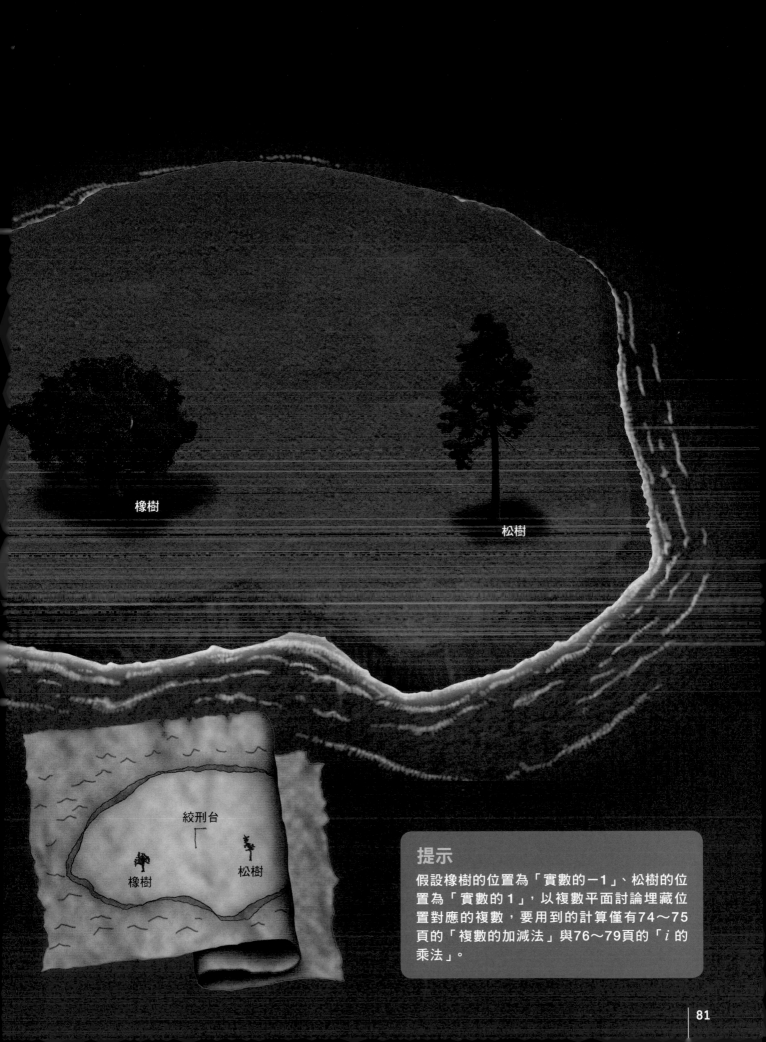

橡樹

松樹

絞刑台

橡樹

松樹

提示

假設橡樹的位置為「實數的−1」、松樹的位置為「實數的1」，以複數平面討論埋藏位置對應的複數，要用到的計算僅有74～75頁的「複數的加減法」與76～79頁的「i 的乘法」。

方程式「$x^n = 1$」是在複數平面上畫正多邊形的數學式

虛數與複數的誕生，促成數學進一步長足發展。這邊就來介紹大數學家高斯在複數上的成就。

1、i、-1、$-i$ 四次方後都會是1，表示這四個數是方程式 $x^4 = 1$ 的解，稱為「1 的四次方根」。在複數平面上，用直線連接 1、i、-1、$-i$ 後，可畫出以這四個點為頂點的正方形（下面插圖），代表 $x^4 = 1$ 的解（1 的四次方根）對應該正方形頂點的複數。

其實，這項性質適用所有的正 n 邊形。在複數平面上，以原點為中心、1 為其中一個頂點畫正 n 邊形，則各頂點會是「1 的 n 次方根」。也就是說，這些頂點的複數值是 $x^n = 1$ 的解。

促使高斯成為數學家的問題

在18世紀有一個年僅18歲的人利用前述性質，推翻古希臘以來的常識。他就是日後成偉大數學家的高斯。這個常識是「能用無刻度直尺和圓規作圖的正多邊形中，頂點數為質數（只能用 1 和自己本身除盡的數）的僅有正三角形和正五邊形。」

高斯在18歲就已掌握複數平面概念的證明，正17邊形、正257邊形、正65537邊形都能用無刻度直尺和圓規作圖。據

說，這項發現讓高斯決定走上數學這條路。

高斯證明了「代數基本定理」

後來，高斯於1799年證明了相當重要的「代數基本定理」（fundamental theorem of algebra），也就是「任意 n 次方程式在複數範圍內恆有解」。自18世紀中葉開始，歐拉等數學家嘗試證明這項定理，卻都以失敗收場，直到高斯才首度證明成功。

複數平面上的正多邊形對應 $x^n = 1$ 的解

右邊是複數平面上的三種正多邊形（正方形、正五邊形、正17邊形），都是中心為複數平面的原點、其中一個頂點為 1。這些正多邊形的頂點，跟 1 的 n 次方根的值一致。

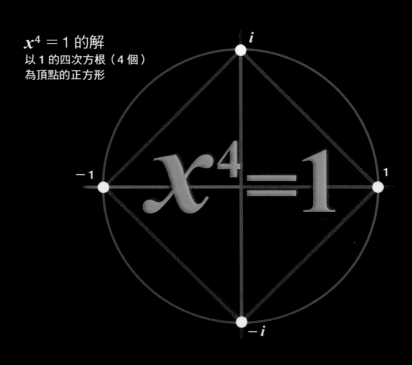

$x^4 = 1$ 的解
以 1 的四次方根（4 個）
為頂點的正方形

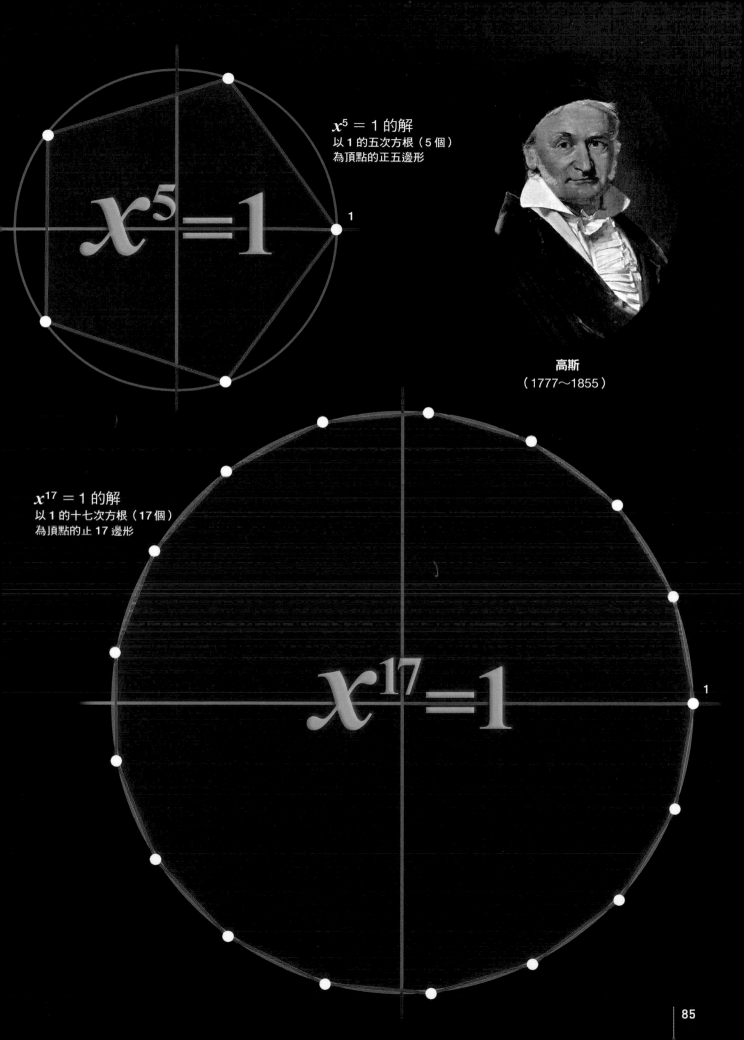

$x^5 = 1$ 的解
以 1 的五次方根（5 個）
為頂點的正五邊形

$x^5 = 1$

1

高斯
（1777～1855）

$x^{17} = 1$ 的解
以 1 的十七次方根（17個）
為頂點的正 17 邊形

$x^{17} = 1$

1

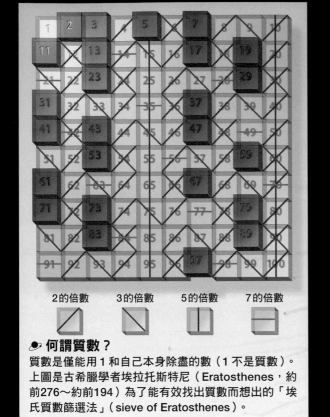

2的倍數　　3的倍數　　5的倍數　　7的倍數

☄ 何謂質數？
質數是僅能用1和自己本身除盡的數（1不是質數）。
上圖是古希臘學者埃拉托斯特尼（Eratosthenes，約
前276～約前194）為了能有效找出質數而想出的「埃
氏質數篩選法」（sieve of Eratosthenes）。

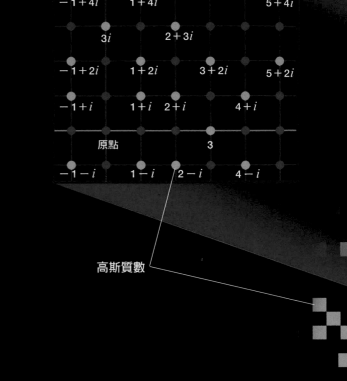

$-1+4i$　　　$1+4i$　　　　　　　　$5+4i$

$3i$　　　　　$2+3i$

$-1+2i$　　　$1+2i$　　　$3+2i$　　　$5+2i$

$-1+i$　　　$1+i$　$2+i$　　　　$4+i$

原點　　　　　　　3

$-1-i$　　　$1-i$　$2-i$　　　$4-i$

高斯質數

高斯與
複數
②

高斯將整數和質數
擴張到複數的世界

高斯曾經研究如何將整數和質數等概念擴張到複數域（complex domain）。

實虛部皆為整數的複數（$3-2i$，$-5+21i$等），稱為「高斯整數」（Gaussian integer）。其中，無法表示成高斯整數相乘的複數，稱為「高斯質數」（Gaussian primes）。此頁的圖示是複數平面上的高斯質數分布。

例如「13」是質數，但在複數域裡不是質數（高斯質數）。因為$13＝（2+3i）×（2-3i）$，可表示成高斯整數相乘。在複數域獲得的定理，有些也適用實數中的整數和質數。

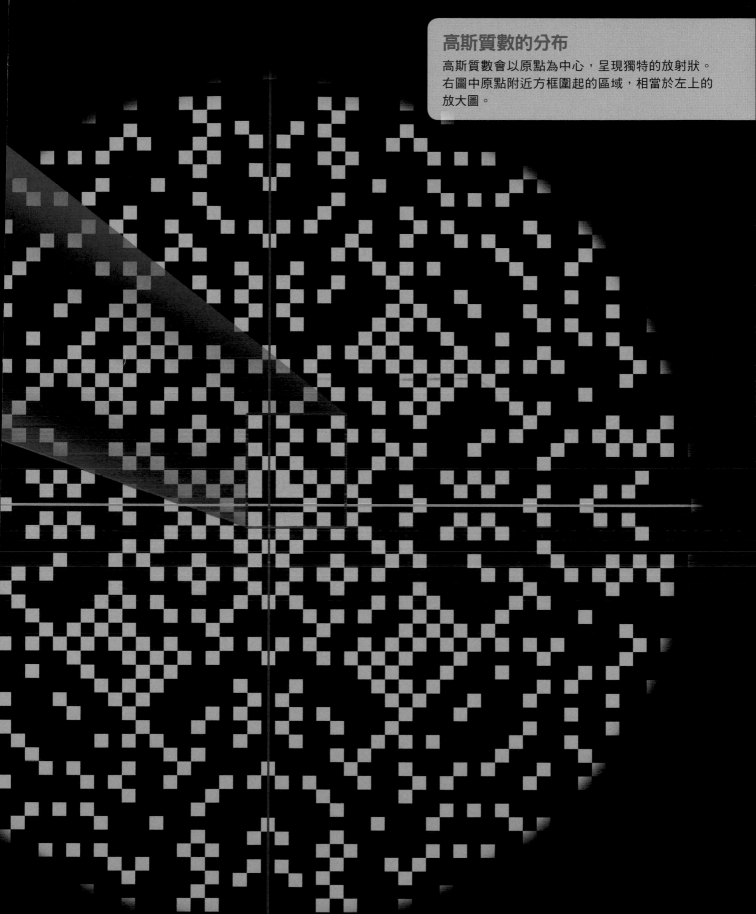

虛數是「數擴張」的終點站

數 的歷史始於自然數，後來擴張為加入零、負數的整數、定義為整數比的有理數、統合有理數和無理數的實數，最後在16世紀終於擴張至虛數。高斯將實數加上虛數的數命名為複數。

實數落在數線上，屬於直線的延伸。擴張至複數後，數的世界轉變為平面性的延伸。這樣想的話，再進一步擴張，數的世界就變成空間性的延伸嗎？

發明由四個要素構成的「超複數」

愛爾蘭的數學家暨物理學家哈密頓（William Hamilton，1805～1865）曾經試著探討超越複數的數世界，試圖將複數再加上「第二虛數」，作成一個實數加上兩個虛數的新數（ternary，三元數），但是花了超過十年的時間仍舊沒有成功。

他後來發現，若再加上「第三虛數」，就能作成可四則運算（加減乘除）的新數，誕生一個實數與三個虛數組成的「四元數」（quaternion）。四

哈密頓構想出比複數更為廣大的新數

插圖是描述比平面性延伸的複數更加擴張的新數世界。想出這種數的是愛爾蘭數學家哈密頓。

哈密頓
（1805～1865）

哈密頓是愛爾蘭的數學家、物理學家同時也是天文學家。他在16歲左右開始對數學感興趣，22歲就當上都柏林聖三一學院的天文學教授。除了四元數的研究，他也建立了光學的新基礎理論，確立解析力學等物理學領域的基礎。

元數是具有四個元素的「超複數」（hypercomplex number）。哈密頓認為四元素的發明非常的重要，晚年埋首投入相關的研究。

四元素的性質特殊，不同於實數、複數。這兩者的加法調換順序，答案也不會改變（加法的交換律）。然而，四元數是不適用於這項法則的特殊數。

如今，四元數成為基本粒子物理學的領域之一，已經應用於火箭、人造衛星的姿勢控制技術、遊戲的３Ｄ圖形等方面，但四元數並非解方程式時必要的數。根據第84頁的代數基本定理，可知任意方程式在複數範圍內恆有解。因此，我們未必需要談論四元數。從自然數開始「數的擴張」，終點果然還是複數。　　　　　●

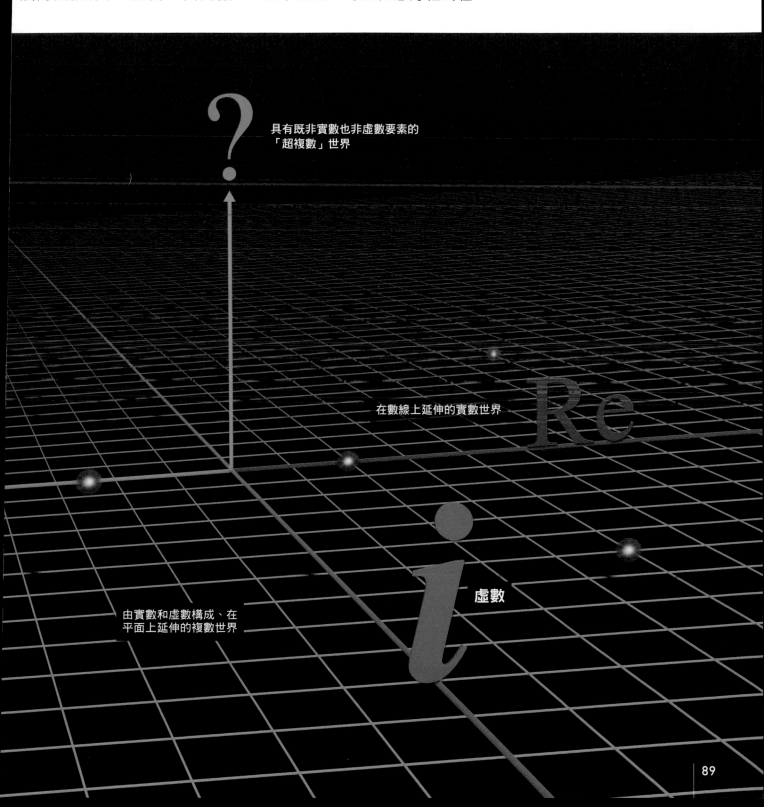

?
具有既非實數也非虛數要素的「超複數」世界

在數線上延伸的實數世界

Re

i

虛數

由實數和虛數構成、在平面上延伸的複數世界

column 13

以複數平面確認「卡當諾問題」

使用複數平面來確認卡當諾問題（第48頁），答案是「$5+\sqrt{-15}$」（$=5+\sqrt{15}i$）和「$5-\sqrt{-15}$」（$=5-\sqrt{15}i$）。

卡當諾問題是「相加為10、相乘為40的A和B為多少？」（寫成數學式，就是滿足A＋B＝10、A×B＝40的A和B為多少？）

A＝$5+\sqrt{15}i$和B＝$5-\sqrt{15}i$

是否滿足該條件？讓我們試著計算。首先，在複數平面上確認A＋B為10（**1**）。

如第74～75頁所述，複數的加法可想作「在複數平面上頭尾相接兩個箭頭的操作」，將「表示$5+\sqrt{15}i$的箭頭」頭尾相接到「表示$5-\sqrt{15}i$的箭頭」就行了。這樣一來，由**1**能確認A＋B的答案是10。

接著，試著在複數平面上確認A×B為40（**2**）。

在複數平面畫出表示$5+\sqrt{15}i$的點A，再由「畢氏定理」計算絕對值（與原點的距離）$\sqrt{5^2}+\sqrt{15^2}=\sqrt{40}$。假設點A的輻角（點A連結原點的直線與實軸所夾的角度）為θ。

接著，畫出表示$5-\sqrt{15}i$的點B後，算得絕對值跟A一樣是$\sqrt{40}$。然後，點B的輻角是

與點A輻角大小相同、旋轉方向相反的$-\theta$。

此時，作圖表示「A×B」的點，其絕對值是（A的絕對值）的（B的絕對值）倍；輻角是（A的輻角）旋轉（B的輻角）。也就是說，A×B的絕對值是$\sqrt{40}\times\sqrt{40}=40$；輻角是$\theta+(-\theta)=0$。

距離原點40、輻角（與實軸所夾的角）0的點正是實數40。這樣就確認A×B＝40。

🪐

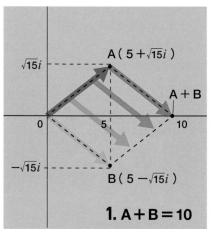

1. A＋B＝10

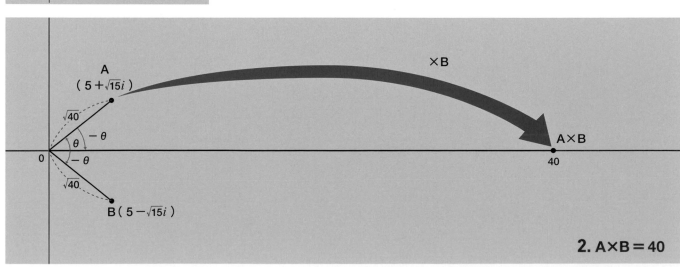

2. A×B＝40

為什麼不是「負負得負」？

為什麼負負會得正呢？仔細一想，虛數就是為了這項規則而誕生的數。如果負負得負，「負數的平方根」就只是負數，根本不需要虛數的登場。

其實，負負並沒有一定要得正。數學的規則到底僅是「約定事項」，不管是「負負得負」還是「負負得正」，都只是約定俗成的規定。

因此，創造「負負得負」的世界並非不可能。然而，在這樣的世界裡，計算會變得非常複雜。

來討論下述的一次方程式：

$$-2x = x - 3 \cdots\cdots ①$$

一般來說，會將左式的$-2x$移項到右式、將右式的-3移項到左式，得到$3 = 3x$，最後求出$x = 1$。

那麼，試著假設「負負得負」，將-3代入方程式①的x，得到

①的左式＝$(-2)\times(-3) = -6$
①的右式＝$-3 - 3 = -6$

可知$x = -3$ 是此方程式的解。然而，將原方程式左邊的$-2x$移項，變形成「$0 = 2x + x - 3$ $\cdots\cdots ②$」，試著將-3代入x，結果：

②的右式
　＝$2\times(-3) + (-3) - 3$
　＝$-6 - 3 - 3$
　＝$-12 \neq$ ②的左式

僅僅移項一次而已，②的等號就不成立。也就是說，在「負負得負」的規則下，不能做普通的移項，需要根據這個規則另外導入複雜的移項機制，才有辦法正確回答簡單的一次方程式。

我們還可舉出許多其他類似的例子。透過這些例子能體會，「負負得正」的規則讓數學變得多麼簡單。　　🪐

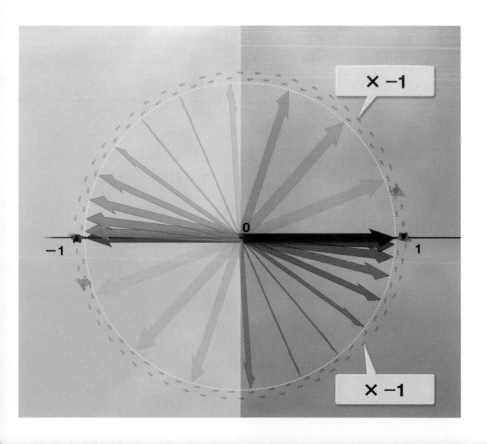

複數的「極式」是什麼？

設你前往沙漠埋寶藏，才埋完就颳起風沙，抹去了挖掘的痕跡。該如何將埋藏地點告訴同伴呢？

沙漠正中央有1棵椰子樹，僅有這棵樹能當作標記。假設你的同伴帶著能測量正確方位的羅盤，與能測量正確長度的長繩。

其中一個方法是告訴同伴：「從椰子樹出發，朝東前進 x 公尺、朝北前進 y 公尺。」這是使用「橫向移動距離」和「縱向移動距離」兩個數值指定位置的方法，相當於「直角座標（cartesian coordinates，又稱笛卡兒座標）表示」。

我們還可想出另一個指定相同場所的方法，就是「從椰子樹出發，朝正東邊逆時鐘旋轉 θ 度的方向，筆直前進 r 公尺。」這是使用「前進方向」和「直進移動距離」兩個數值指定位置的方法，相當於用「極座標」（polar coordinate）來表示。

極座標是決定原點0、起始線（通過原點的半直線，通常

1. 極座標

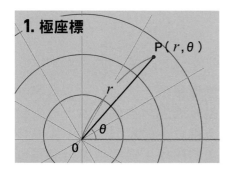

2. 複數的極式

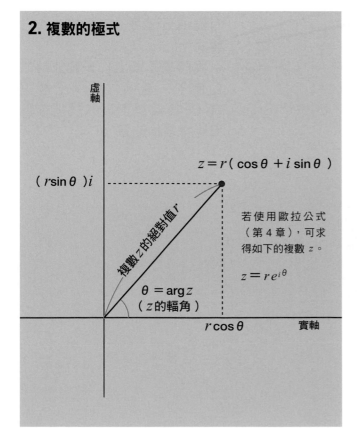

$z = r(\cos\theta + i\sin\theta)$

$(r\sin\theta)i$

複數 z 的絕對值 r

$\theta = \arg z$
（z 的輻角）

$r\cos\theta$

若使用歐拉公式（第4章），可求得如下的複數 z。

$z = re^{i\theta}$

3. 輻角的不確定性

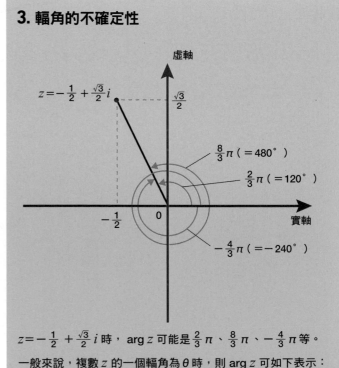

$z = -\dfrac{1}{2} + \dfrac{\sqrt{3}}{2}i$

$\dfrac{8}{3}\pi \,(=480°)$

$\dfrac{2}{3}\pi \,(=120°)$

$-\dfrac{4}{3}\pi \,(=-240°)$

$z = -\dfrac{1}{2} + \dfrac{\sqrt{3}}{2}i$ 時，$\arg z$ 可能是 $\dfrac{2}{3}\pi$、$\dfrac{8}{3}\pi$、$-\dfrac{4}{3}\pi$ 等。

一般來說，複數 z 的一個輻角為 θ 時，則 $\arg z$ 可如下表示：

$$\arg z = \theta + 2n\pi \quad (n\text{為整數})$$

取 x 軸的正方向）後，某點 P 的座標以「與原點的距離 r」和「線段 0P 與起始線所夾的角度 θ」來表示（**1**）。點 P 的極座標是「P（r,θ）」，原點 0 為極點（pole）、r 為 0P 的「絕對值」、θ 為「輻角」（argment）。

使用「三角函數」的極式

假設使用「三角函數」（trigonometric function）後，能將極座標轉換成直角坐標，極座標（r,θ）點 P 的直角坐標是（$r\cos\theta,r\sin\theta$）。由此關係可知，絕對值 r、與實軸夾角（輻角）的複數 z，可表示成「$z=r\cos\theta+ir\sin\theta$」。這種複數的表示方式稱為「極

式」（polar form）（**2**）。

複數 z 的輻角記為 arg z，輻角通常是使用 $360°=2\pi$ 的「弧度」作為角度單位，且角度範圍不限定介於 0° 到 360° 的「一般角」。因此，輻角具有 2π（$=360°$）整數倍的不確定性。

這樣的不確定性有時會讓使用複數的討論過程變得複雜。例如，如圖 **3** 所示，$z=-\frac{1}{2}\pi+\frac{\sqrt{3}}{2}i$ 的輻角 arg z 可能是 $\frac{2}{3}\pi$（$=120°$）、$\frac{8}{3}\pi$（$=480°$）、$-\frac{4}{3}\pi$（$=-240°$）等等。

極式的優點

極式的優點是能簡化麻煩的「兩個複數的乘除法」。

假設我們想要知道兩個複數 A 和 B 相乘的結果，若分別知道 A、B 的絕對值和輻角，A×B 的絕對值會是（A 的絕對值×B 的絕對值）；輻角會是（A 的輻角＋B 的輻角）。

也就是說，「兩個複數的乘法」可由「兩個絕對值的乘法」（兩個實數的乘法很簡單）與「角度的加法」求得（**4**）。 ✦

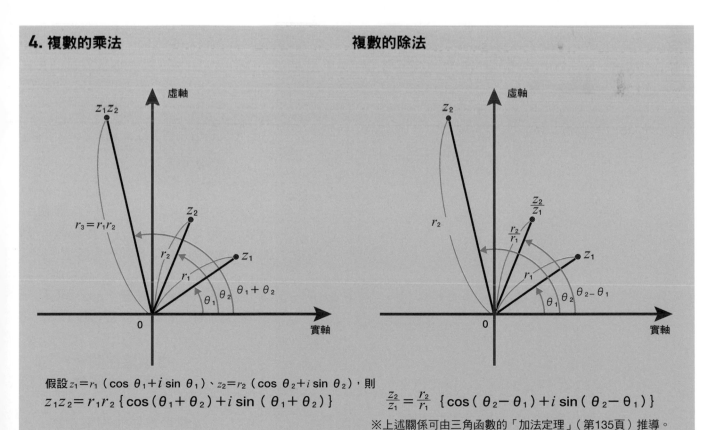

4. 複數的乘法　　　　　　　　　**複數的除法**

假設 $z_1=r_1（\cos\theta_1+i\sin\theta_1）$、$z_2=r_2（\cos\theta_2+i\sin\theta_2）$，則
$z_1z_2=r_1r_2\{\cos(\theta_1+\theta_2)+i\sin(\theta_1+\theta_2)\}$

$\frac{z_2}{z_1}=\frac{r_2}{r_1}\{\cos(\theta_2-\theta_1)+i\sin(\theta_2-\theta_1)\}$

※上述關係可由三角函數的「加法定理」（第135頁）推導。

在幾何學上應用複數平面

用　複數平面除了可以更了解複數的性質外，還能應用到幾何學上。接著就來用複數推論直線與圓的幾何學。

首先，要來討論用下述極式（第92～93頁）表示的兩個複數 z_1、z_2。

$$z_1 = r_1(\cos\theta_1 + i\sin\theta_1)$$

$$z_2 = r_2(\cos\theta_2 + i\sin\theta_2)$$

r_1、r_2 是複數 z_1、z_2 的絕對值，θ_1 是「複數 z_1 的輻角」（$\arg z_1$），θ_2 是「複數 z_2 的輻角」（$\arg z_2$）。然後，下述關係成立：

$$\frac{z_2}{z_1} = \frac{r_2}{r_1}\{\cos(\theta_2-\theta_1) + i\sin(\theta_2-\theta_1)\}$$

也就是說，

$$\arg\frac{z_2}{z_1} = \arg z_2 - \arg z_1$$

這在複數平面上意為

$$\angle z_1 O z_2 = \arg\frac{z_2}{z_1}$$

其中，角度是以逆時鐘方向為正。

複數落在同一直線上的條件

利用以上的事實，先來求複數 z_1、z_2、z_3 落在同一直線上的條件。假設 z_1、z_2、z_3 如 **1** 落在同一直線上（z_3 夾著 z_1 位於 z_2 相反側的情況為 $z_3{'}$），則 z_3-z_1、z_2-z_1、$z_3{'}-z_1$ 落在通過原點的直線之上，

$$\arg(z_3-z_1) = \arg(z_2-z_1)$$
$$\arg(z_3{'}-z_1) = \arg(z_2-z_1)+\pi$$

整理可得

$$\arg\frac{z_3-z_1}{z_2-z_1} = 0 \text{ 或者 } \pi$$

由式子可知 $\frac{z_3-z_1}{z_2-z_1}$ 為實數。反之，若 $\frac{z_3-z_1}{z_2-z_1}$ 為實數，則 z_1、z_2、z_3 落在同一直線上。

另外，$\arg\frac{z_3-z_1}{z_2-z_1} = 0$ 時，則 $\frac{z_3-z_1}{z_2-z_1}$ 會是正數；$\arg\frac{z_3-z_1}{z_2-z_1} = \pi$ 時，$\frac{z_3-z_1}{z_2-z_1}$ 會是負數。

複數落在同一圓周上的條件

接著來求四個相異複數 z_1、

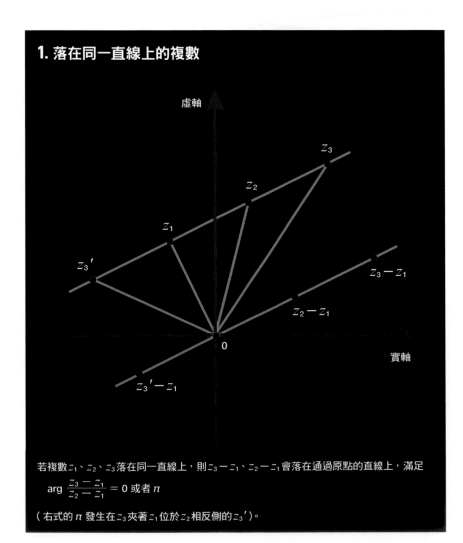

1. 落在同一直線上的複數

虛軸

實軸

0

若複數 z_1、z_2、z_3 落在同一直線上，則 z_3-z_1、z_2-z_1 會落在通過原點的直線上，滿足

$$\arg\frac{z_3-z_1}{z_2-z_1} = 0 \text{ 或者 } \pi$$

（右式的 π 發生在 z_3 夾著 z_1 位於 z_2 相反側的 $z_3{'}$）。

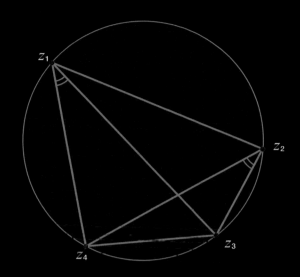

若複數 z_1、z_2、z_3、z_4 落在同一圓周上，則

$$\angle z_3 z_1 z_4 = \angle z_3 z_2 z_4 \text{（圓周角定理）}$$

滿足

$$\arg \frac{z_4 - z_1}{z_3 - z_1} - \arg \frac{z_4 - z_2}{z_3 - z_2} = 0$$

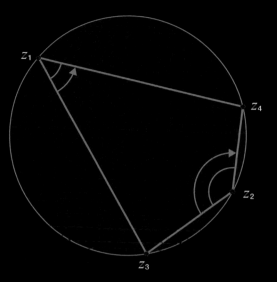

若複數 z_1、z_2、z_3、z_4 落在同一圓周上，則

$$\angle z_3 z_1 z_4 + \angle z_3 z_2 z_4 = \pi = 180°\text{（補角）}$$

滿足

$$\arg \frac{z_4 - z_1}{z_3 - z_1} - \arg \frac{z_4 - z_2}{z_3 - z_2} = \pi$$

z_2、z_3、z_4 落在同一圓周上的條件。如 2 逆時鐘排列複數 z_1、z_2、z_3、z_4，根據圓周角定理，可知

$$\angle z_3 z_1 z_4 = \angle z_3 z_2 z_4$$

表示

$$\arg \frac{z_4 - z_1}{z_3 - z_1} = \arg \frac{z_4 - z_2}{z_3 - z_2}$$

$$\arg \frac{z_4 - z_1}{z_3 - z_1} - \arg \frac{z_4 - z_2}{z_3 - z_2} = 0$$

反之，當上式成立時，由於圓周角定理的可逆性，複數 z_1、z_2、z_3、z_4 會落在同一圓周上。

另一方面，如 3 改變同一圓周上複數的排列順序時，$\angle z_3 z_1 z_4$ 和 $\angle z_3 z_2 z_4$ 是補角關係，所以

$$\angle z_3 z_1 z_4 + \angle z_3 z_2 z_4 = 180° = \pi$$

而 $\arg \frac{z_4 - z_1}{z_3 - z_1}$ 是半直線 $z_1 z_3$ 往半直線 $z_1 z_4$ 方向逆時鐘旋轉，所以數值為正；而 $\arg \frac{z_4 - z_2}{z_3 - z_2}$ 是半直線 $z_2 z_3$ 往半直線 $z_2 z_4$ 方向順時鐘旋轉，所以數值為負。因此，

$$\angle z_3 z_2 z_4 = -\arg \frac{z_4 - z_2}{z_3 - z_2}$$

由此可知，補角關係可寫成

$$\arg \frac{z_4 - z_1}{z_3 - z_1} - \arg \frac{z_4 - z_2}{z_3 - z_2} = \pi$$

反之，這個條件成立時，z_1、z_2、z_3、z_4 會落在同一圓周上。

總結來說，同一圓周上的四個複數，無論排列順序為何都會滿足

$$\arg \frac{z_4 - z_1}{z_3 - z_1} - \arg \frac{z_4 - z_2}{z_3 - z_2} = 0 \text{ 或 } \pi$$

因此

$$\arg \frac{z_4 - z_1}{z_3 - z_1} \bigg/ \frac{z_4 - z_2}{z_3 - z_2}$$
$$= 0 \text{ 或 } \pi$$

也就是說，

$$\frac{z_4 - z_1}{z_3 - z_1} \bigg/ \frac{z_4 - z_2}{z_3 - z_2}$$

會是實數。相反地，只要這個條件成立，z_1、z_2、z_3、z_4 就會落在同一圓周上。

托勒密定理的證明

利用以上的考察，試著以複數證明「托勒密定理」（Ptolemy's theorem）。托勒密定理的定義是圓內接的四邊形ABCD滿足

AC×BD＝AD×BC＋ AB×CD

假設複數平面上點A、B、C、D對應的複數為 z_1、z_2、z_3、z_4（**4**），則

$$\arg \frac{z_1 - z_2}{z_3 - z_2} + \arg \frac{z_3 - z_4}{z_1 - z_4} = \pi$$

（角度以逆時鐘方向為正）。這表示

$$\frac{z_1 - z_2}{z_3 - z_2} \Big/ \frac{z_1 - z_4}{z_3 - z_4}$$

是負數。因此，意味著

$$\frac{z_1 - z_2}{z_2 - z_3} \Big/ \frac{z_1 - z_4}{z_3 - z_4}$$

$$= \frac{(z_1 - z_2)(z_3 - z_4)}{(z_2 - z_3)(z_1 - z_4)}$$

是正數，所以令

$$z = (z_1 - z_2)(z_3 - z_4),$$
$$w = (z_2 - z_3)(z_1 - z_4)$$

則

$$z = kw, \qquad k > 0$$

由此可得

$$|z + w|$$
$$= |(k+1)w|$$
$$= (k+1)|w|$$
$$= k|w| + |w|$$
$$= |z| + |w|$$

另一方面，經由簡單的計算可得

$$z + w = (z_1 - z_2)(z_3 - z_4)$$
$$\qquad + (z_2 - z_3)(z_1 - z_4)$$
$$= z_1 z_2 - z_1 z_4 - z_2 z_3 + z_3 z_4$$
$$= (z_1 - z_3)(z_2 - z_4)$$

由此可得

$$|(z_1 - z_3)(z_2 - z_4)|$$
$$= |(z_1 - z_2)(z_3 - z_4)|$$

$$\qquad + |(z_2 - z_3)(z_1 - z_4)|$$

另一方面，

$$AB = |z_1 - z_2|,\ CD = |z_3 - z_4|,$$
$$AD = |z_1 - z_4|,\ BC = |z_2 - z_3|,$$
$$AC = |z_1 - z_3|,\ BD = |z_2 - z_4|$$

所以，得證托勒密定理。

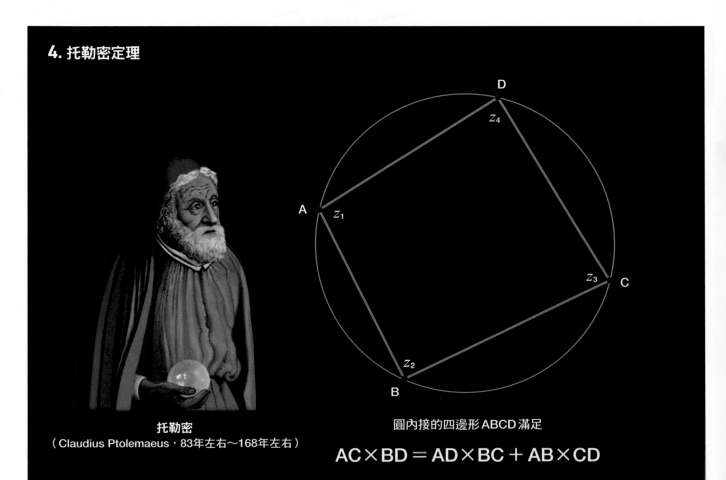

4. 托勒密定理

托勒密
（Claudius Ptolemaeus，83年左右～168年左右）

圓內接的四邊形ABCD滿足

AC×BD＝AD×BC＋AB×CD

複數平面的反轉與無窮遠點

$w = \frac{1}{z}$ 可想作是從複數平面（z 平面）映射至複數平面（w 平面）。若 $|z| < 1$，則 $|w| = |\frac{1}{z}| > 1$，半徑 1 的單位圓內部會映射至單位圓的外部。若 $|z| = 1$，則 $|w| = 1$，單位圓會映射至單位圓。

映射 $w = \frac{1}{z}$ 稱為「反轉」。初等幾何學也有定義圓的反轉：單位圓 $|z| = 1$ 的反轉是映射 $w = \frac{1}{\bar{z}}$（$\bar{z}$ 是替換 z 的虛部正負號的「共軛複數」）。

但是，反轉後，w 平面上不存在對應 z 平面原點 0 的點。當 $z_n \to 0$，$|\frac{1}{z_n}| \to +\infty$ 會發散。

因此，將 $|w_n| = +\infty$（$n \to \infty$）的複數點列，想成收斂至一個假想的點，也就是無窮遠點 ∞，在複數平面（w 平面）的「外側」添加無窮遠點，以一個點「連結」平面擴張成球面。複數平面添加無窮遠點的概念，稱為「黎曼球面」（Riemann sphere）。

在三維空間以原點為中心畫出球面，假設 xy 平面的點（a, b）為複數 $a + bi$，對應球面上北極與 $a + bi$ 的半直線交點 P，則球面上除了北極以外的點會與複數平面上的點一一對應。當 $|a_n + b_n i| \to +\infty$ 時，球面上對應 $a_n + b_n i$ 的點 P_n 會逐漸趨近北極。由此可知，複數平面添加無窮遠點後可擴張成球面。

反轉是從包含 z 平面的黎曼球面，一對一映射至包含 w 平面的黎曼球面。無窮遠點反轉後的像會是原點，當 $|z_n| \to \infty$ 時，$|\frac{1}{z_n}| \to 0$。

圓反轉後會映射至圓，直線可想成是通過無窮遠點、半徑無限大的圓。其中，通過 z 平面原點的圓會映射至 w 平面的直線。利用這項性質，可簡單解決江戶時代和算家想出來的圖形問題。

已知外側大圓 A 與內側中圓 B 相切一點，如圖 3 存在同時相切圓 A 和圓 B 的圓。試求此時 C_n、C_{-n} 的直徑。

假設圓 A 的直徑長度為 $2R$、圓 B 的直徑長度為 $2r$，討論這些圓反轉 $w = \frac{1}{z}$ 後的像，由於圓 A、B 通過原點，分別會變成與實軸垂直的直線。將圓 C_j 反轉後的像記為 $\widetilde{C}_j$，則 $\widetilde{C}_j$ 是與兩直線相切的圓，直徑為固定的值（圖 4）。

將該圖形反過來映射 $z = \frac{1}{w}$ 後，就會變回原本的圖。其實，江戶時代的和算※家法道寺善（1820～1868），就是使用反轉的思維來解題。🪐

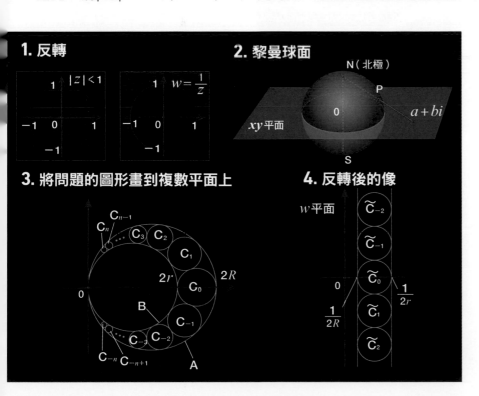

1. 反轉

$|z| < 1$　　$w = \frac{1}{z}$

2. 黎曼球面

N（北極）
P
0
xy 平面
$a + bi$
S

3. 將問題的圖形畫到複數平面上

C_{n-1}　C_n　C_3　C_2　C_1　$2r$　$2R$　C_0　B　C_{-1}　C_{-3}　C_{-2}　C_{-n}　C_{-n+1}　A　0

4. 反轉後的像

w 平面
$\widetilde{C}_{-2}$
$\widetilde{C}_{-1}$
$\widetilde{C}_0$　$\frac{1}{2r}$
0
$\frac{1}{2R}$　$\widetilde{C}_1$
$\widetilde{C}_2$

※：日本的傳統數學。發展於西方數學傳入之前。

Q3 －1的四次方根、八次方根、十六次方根該如何計算？

Q 在第84頁提到「1、i、－1、－i是四次方後為1的『1的四次方根』」，那麼「－1的四次方根」是什麼呢？同樣地，八次方根、十六次方根也能用複數表示嗎？

（日本新潟縣三條市，N.Y.先生）

A 先來討論「－1的四次方根」吧！

就實數的範圍來說，任意正數不管自乘多少次都是正數，所以正數不會是－1的四次方根。接著，任意負數四次方後會是正數，負數也不是－1的四次方根。當然，0的四次方是0，不會是－1的四次方根。因此，在實數的範圍內不存在－1的四次方根。

然而，擴張到複數的範圍後，就能找到－1的四次方根。這個方程式有解，**只要在複數平面中，找到「操作四次後旋轉180度的旋轉角」就行了。**

例如，180度除以4是45度，由此可知操作四次旋轉45度會旋轉180度，也就是變成－1倍。由於1旋轉45度是$\cos 45° + i \sin 45° = \frac{\sqrt{2}}{2} + \frac{\sqrt{2}}{2}i$，可知$\frac{\sqrt{2}}{2} + \frac{\sqrt{2}}{2}i$是－1的四次方根之一。實際上，$\frac{\sqrt{2}}{2} + \frac{\sqrt{2}}{2}i$平方後為

$$\left(\frac{\sqrt{2}}{2} + \frac{\sqrt{2}}{2}i\right)\left(\frac{\sqrt{2}}{2} + \frac{\sqrt{2}}{2}i\right)$$
$$= \left(\frac{1}{2} - \frac{1}{2}\right) + \left(\frac{i}{2} + \frac{i}{2}\right) = i，$$

這再平方一次後的數（也就是$\frac{\sqrt{2}}{2} + \frac{\sqrt{2}}{2}i$四次方後的數）會是－1。－1的四次方根在複數中有四個，可表示成$\frac{\sqrt{2}}{2} \pm \frac{\sqrt{2}}{2}i$（複合獨立）。

同理，我們能求得－1的八次方根（共有8個）、十六次方根（共有16個），但全部寫出來太麻煩，就分別列出一個八次方根、十六次方根、三十二次方根：

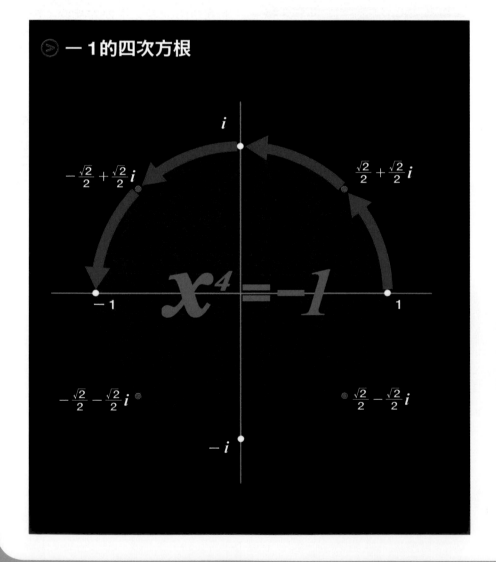

＞ －1的四次方根

i

$-\frac{\sqrt{2}}{2} + \frac{\sqrt{2}}{2}i$

$\frac{\sqrt{2}}{2} + \frac{\sqrt{2}}{2}i$

$x^4 = -1$

-1 　 1

$-\frac{\sqrt{2}}{2} - \frac{\sqrt{2}}{2}i$

$\frac{\sqrt{2}}{2} - \frac{\sqrt{2}}{2}i$

$-i$

「棣美弗公式」與複數的 n 次方根

「棣美弗公式」（De Moivre formula）是與複數極式（第92〜93頁）密切相關的公式，描述對於實數 θ 與整數 n，滿足

$$(\cos\theta + i\sin\theta)^n = \cos n\theta + i\sin n\theta$$

（此處省略，但可用第135頁的三角函數加法定理與關於 n 的歸納法證明。）

試著使用此公式計算複數 z 的 n 次方根 $\sqrt[n]{z}$。

$$w^n = z$$

假設複數 w 是 z 的 n 次方根，令

$$z = r(\cos\theta + i\sin\theta)$$
$$w = s(\cos\alpha + i\sin\alpha)$$

根據棣美弗公式，

$$w^n = s^n(\cos n\alpha + i\sin n\alpha)$$

由於 w^n 等於 z，

$$s^n(\cos n\alpha + i\sin n\alpha) = r(\cos\theta + i\sin\theta)$$

比較左右兩式且 $s = \sqrt[n]{r}$，可知

$$n\alpha = \theta + 2k\pi, \qquad k = 0, \pm1, \pm2, \cdots$$

因此，$z \neq 0$ 時，存在 n 個相異的複數 w，這 n 個複數可表示為

$$w = \sqrt[n]{r}\left(\cos\frac{\theta + 2k\pi}{n} + i\sin\frac{\theta + 2k\pi}{n}\right),$$

$$k = 0, 1, 2, \cdots, n-1$$

$\cos 22.5° + i\sin 22.5°$
$= \dfrac{\sqrt{2+\sqrt{2}}}{2} + \dfrac{\sqrt{2-\sqrt{2}}}{2} i$

$\cos 11.25° + i\sin 11.25°$
$= \dfrac{\sqrt{2+\sqrt{2+\sqrt{2}}}}{2} + \dfrac{\sqrt{2-\sqrt{2+\sqrt{2}}}}{2} i$

$\cos 5.625° + i\sin 5.625°$
$= \dfrac{\sqrt{2+\sqrt{2+\sqrt{2+\sqrt{2}}}}}{2}$
$\quad + \dfrac{\sqrt{2-\sqrt{2+\sqrt{2+\sqrt{2}}}}}{2} i$

有看出其中的規律嗎？廣義的複數 z 之 n 次方根，請參見上面的灰色區塊。　♄

證明
「代數基本定理」

撰文 │ **木村俊一**
日本廣島大學理學部數學系教授

任意二次方程式都能藉由使用虛數求解，在費洛、塔塔利亞、卡當諾、費拉里的努力下，陸續發現三次方程式、四次方程式的公式解。然而，數的擴張就這樣結束了嗎？難道五次方程式沒有公式解嗎？

其實在19世紀初，挪威的數學家阿貝爾（Niels Abel，1802～1829）的定理，已經證明了僅由四則運算（＋、－、×、÷）和次方根（$\sqrt{\ }$、$\sqrt[3]{\ }$、$\sqrt[n]{\ }$、……）無法作出五次方程式的公式解。那麼，為了求解五次方程式，需要作出複數以外的新數嗎？

有趣的是，在阿貝爾證明

挪威數學家阿貝爾。

德國數學家高斯。

「五次方程式沒有公式解」之前稍早，高斯證明了「在複數中，帶有複數係數的所有n次方程式（n＞0）都有解」，這個定理稱為「代數基本定理」。有了代數基本定理，我們就不用繼續尋找其他的數。

阿貝爾的定理與高斯的定理並沒有矛盾。阿貝爾是證明「僅由四則運算和次方根等工具無法表示解」，而高斯是證明「不管怎麼具體尋找、表示，解都會存在複數之中」。兩者微妙的差異造成了小小的悲劇。

當時，阿貝爾將自己的論文寄給高斯看，題目定為「五次方程式不存在解」。但高斯沒有讀，就認為該篇論文荒謬，直接收進抽屜裡。阿貝爾左等右等沒有得到回覆，後來有機會前往德國，就沒有順道訪問高斯。

結果，兩位天才就此緣慳一面，阿貝爾於1829年英年早逝。若是兩人見面討論數學，不知會迸出什麼樣的火花，產生什麼樣的數學？光是想像就覺得可惜。

以「狗的軌跡」討論方程式有沒有解

接著粗略證明代數基本定理，許多地方的邏輯會一語帶過，不用在意是否確實理解，就以輕鬆的心情閱讀吧！

接下來證明五次方程式 $x^5 - x + 1 = 0$ 這個有解（其他方程式原則上能套用相同的證明），將函數 $f(x) = x^5 - x + 1$ 當作工具，想成是輸入複數 a 會輸

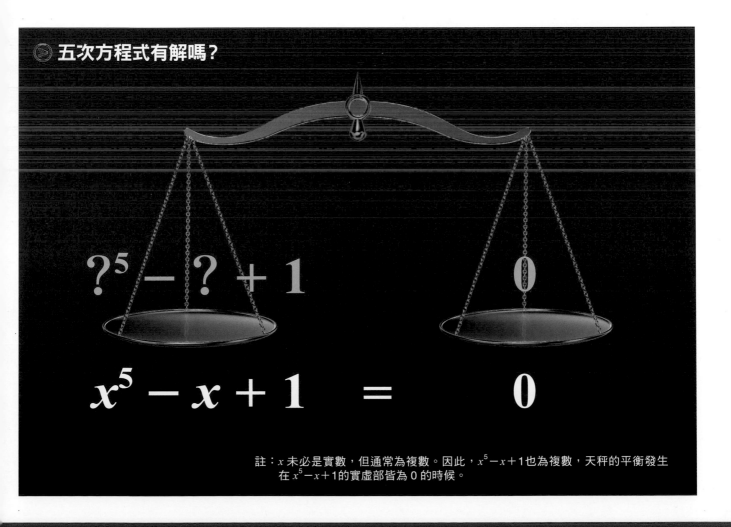

▶ 五次方程式有解嗎？

$$?^5 - ? + 1 \qquad 0$$

$$x^5 - x + 1 \quad = \quad 0$$

註：x 未必是實數，但通常為複數。因此，$x^5 - x + 1$ 也為複數，天秤的平衡發生在 $x^5 - x + 1$ 的實虛部皆為 0 的時候。

出 $f(a)=a^5-a+1$ 的黑盒子。在複數平面上以 0 為中心、半徑為 2 的圓周上，取複數作為 a 值代入 $f(x)$。在圓周上繞行一圈後，$f(a)$ 會在複數平面上畫出何出何種軌跡？

a 在以 0 為中心、半徑為 2 的圓周上繞行一圈，

$$a=2(\cos\theta+i\sin\theta)$$

用極式（參見92～93頁）表示時，θ 會是 0°到360°繞行一圈。此時，根據棣美弗公式，$f(a)=a^5-a+1$ 第一項 a^5 的動作為

$$a^5=32(\cos5\theta+i\sin5\theta)$$

也就是在以 0 為中心、半徑為 32 的圓周上繞行五圈。$f(a)$ 是 a^5 加上 $-a+1$ 的函數，由於 a 的數值頂多介於 0 到 2，所以 $-a+1$ 會介於 0 到 3 之間（$a=-2$ 時，$-a+1=3$ 是距離 0 最遠的瞬間）。

假設 a^5 是主人，養了一隻名為約翰的狗。約翰的脖子繫著僅能伸長至 3 公尺的塑膠牽繩，在主人的周圍四處奔竄。主人在原點 0 的周圍保持半徑 32 繞行五圈，而狗的軌跡就是 $f(a)=a^5-a+1$，僅能遠離主人 3 公尺的距離。當主人繞行五圈時，約翰也會剛好繞行五圈。實際畫出 $f(a)$ 的軌跡，會如右頁的 **2** 所示。

看完剛才的說明再來看 **2**，就能認同約翰繞行原點的周圍五圈吧。

然後，逐漸縮小 a 繞行的圓周半徑，則約翰的軌跡也跟著變小。a 繞行半徑1.2的圓周時，$f(a)$ 的軌跡，約翰的軌跡會如 **3** 所示。

比起剛才的 **2**，更容易看出繞行五圈的樣子，軌跡也會畫出美麗的圖形。接著，再將半徑稍微縮小為1.16，其軌跡會如 **4** 所示。

軌跡稍微偏離，僅會繞行原點的周圍四圈。因此，當 a 的半徑從1.2縮減至1.16的途中，約翰的軌跡應該會通過原點。假設半徑為 r（這邊是 $1.16<r<1.2$）時約翰的軌跡，也就是 $f(a)$ 的軌跡通過原點，θ 會滿足

$$f(r(\cos\theta+i\sin\theta))=0$$

也就是說，儘管無法具體計算，也能確信存在五次方程式 $x^5-x+1=0$ 的解。雖然這個解無法以四則運算、次方根具體表示，但計算後可知是負的實數：

$$-1.167303978\cdots\cdots$$

在調查一般 n 次方程式的解時，

$$f(x)=ax^n+bx^{n-1}+\cdots+c=0$$

取足夠大的半徑 R，假設 A 在以 0 為中心、半徑為 R 的圓周上繞行一圈，則 aA^n 會在半徑為 aR^n 的圓周上繞行 n 圈。

當 R 足夠大時，「牽繩的長度」$bx^{n-1}+\cdots+c$ 的絕對值會恆小於 aR^n。這麼一來，$f(a)$ 的數值也會繞行原點周圍 n 圈。接著逐漸縮小半徑，半徑最後會變成 0，停在 $f(0)=c$ 這一點上。

若 $c=0$ 則 $f(0)=0$，能求得解沒有問題。但若非如此，$f(A)$ 連一圈都不會繞行 0 的周圍，所以在逐漸縮小半徑的途中，$f(A)$ 的軌道理應通過原點，也就是肯定存在解。

順便一提，繞行從 n 圈變成 0 圈的途中，通過 0 的次數會有 n 次，可知 n 次方程式存在 n 個複數解。　☽

⊙ 函數 $f(x) = x^5 - x + 1$ 代入複數 a

複數
a → $f(x) = x^5 - x + 1$ → $a^5 - a + 1$

1. a 在圓周上繞行一圈

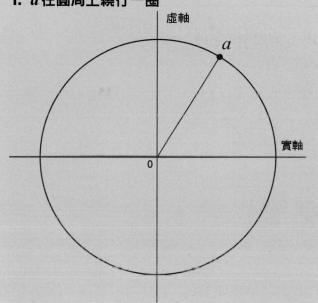

虛軸

a

實軸

0

2. $f(a)$：a 在半徑 2 的圓繞行一圈的情況

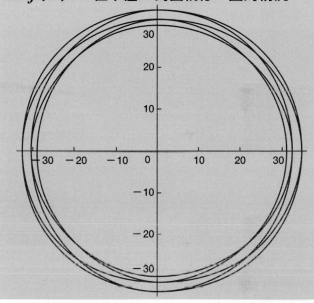

3. $f(a)$：a 在半徑1.2的圓繞行一圈的情況

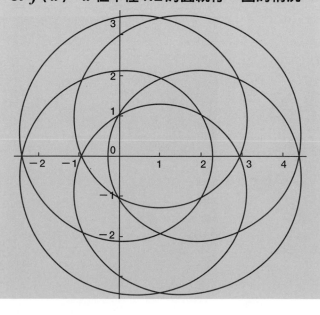

4. $f(a)$：a 在半徑1.16的圓繞行一圈的情況

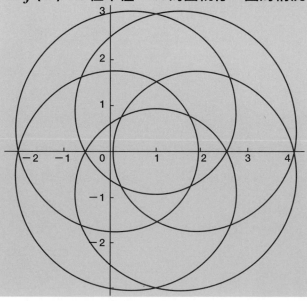

碎形與複數

在我們生活周遭，雲、海岸線、樹枝等存在許多複雜的大自然造型，這些造型乍看沒有規則。從這類複雜造型發掘規則、提出「碎形」（fractal）理論的人，是美國的法裔數學家曼德博（Benoit Mandelbrot，1924～2010）。

1. 曼德博集合

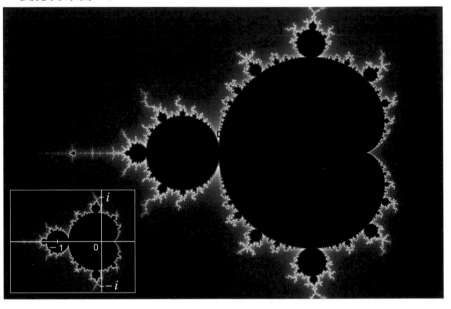

2. 放大 1 的紅框

3. 放大 2 的紅框

4. 放大 3 的紅框

下圖是名為「曼德博集合」（Mandelbrot set）的碎形圖形之一。曼德博集合是多次疊代「$f(z)=z^2+c$」（z 和 c 是複數），將非無限增長的複數標示為黑點，在複數平面上形成的圖像。也就是說，如 0、c、c^2+c、$(c^2+c)^2+c$……由 0 開始重複平方後加上 c 的操作，絕對值不會無限增長的複數 c 集合所形成的黑色區塊。

另外，下圖是對無限增長的複數（亦即曼德博集合的外側），依照無限增長的速度進行了配色。

放大曼德博集合的一部分，會出現跟原圖像相似的模式。再進一步放大該圖像的一部分，又會出現相似的模式。

這種逐漸放大或者縮小，出現跟原圖像相似模式的性質，稱為「自相似性」（self-similarity）。自相似性正是曼德博提出的碎形規則性。

除了可用電腦繪圖畫出的美麗造型，碎形也作為一種數學方式，用來解釋複雜的現象。　　　🪐

5. 放大 4 的紅框

以複數的牛頓法求解碎形

撰文 ｜ 小谷善行
日本東京農工大學名譽教授

所謂牛頓法（別名牛頓－拉弗森方法：Newton-Raphson method）是以近似值求解方程式的方法，能有效率求出滿足方程式 $f(x)=0$ 的 x。其步驟如下：

①首先，決定一個適當的 x。
②在（$x, f(x)$）的點，畫出 $y=f(x)$ 圖形的切線。
③以該切線與 x 軸的交點為新的 x（圖 1）。
④從②重複操作直到 x 幾乎不再變化。

新的 x 會是比前一個 x 更為精確的近似值。若非複雜的曲線，通常重複操作數次就能求出答案。

由於切點處的斜率為 $f(x)$ 的微分 $f'(x)$，所以新的 x 可假設為 $x-\dfrac{f(x)}{f'(x)}$。例如，若 $f(x)=x^2-2$，則 $f'(x)=2x$，可以假設新的 x 為 $x-\dfrac{x^2-2}{2x}$ 的計算。這裡所求出的是 $\sqrt{2}$ 的近似值，計算結果如下（表 1）所示。

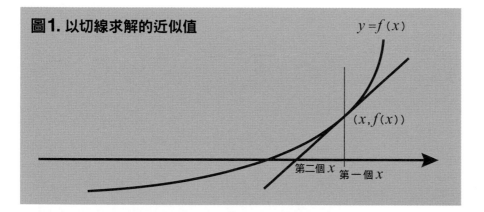

圖1. 以切線求解的近似值

$y=f(x)$

$(x, f(x))$

第二個 x　第一個 x

表1. 以牛頓法求 $\sqrt{2}$

	x	$f(x)$	$f'(x)$	$x-f(x)/f'(x)$
第1次	3.0000	7.0000	6.0000	1.8333
第2次	1.8333	1.3611	3.6667	1.4621
第3次	1.4621	0.1378	2.9242	1.4150
第4次	1.4150	0.0022	2.8300	1.4142
第5次	1.4142	0.0000	2.8284	1.4142
第6次	1.4142	0.0000	2.8284	1.4142
第7次	1.4142	0.0000	2.8284	1.4142

表2. 無實數解時沒辦法收斂

	x	$f(x)$	$f'(x)$	$x-f(x)/f'(x)$
第1次	3.0000	10.0000	6.0000	1.3333
第2次	1.3333	2.7778	2.6667	0.2917
第3次	0.2917	1.0851	0.5833	−1.5685
第4次	−1.5685	3.4600	−3.1369	−0.4654
第5次	−0.4654	1.2166	−0.9309	0.8415
第6次	0.8415	1.7082	1.6831	−0.1734
第7次	−0.1734	1.0301	−0.3468	2.7970
第8次	2.7970	8.8231	5.5939	1.2197

表3. 複數的牛頓法

	z		$f(z)$		$f'(z)$		$z-f(z)/f'(z)$	
	實部	虛部	實部	虛部	實部	虛部	實部	虛部
第1次	1.0000	1.0000	1.0000	2.0000	2.0000	2.0000	0.2500	0.7500
第2次	0.2500	0.7500	0.5000	0.3750	0.5000	1.5000	−0.0750	0.9750
第3次	−0.0750	0.9750	0.0550	−0.1463	−0.1500	1.9500	0.0017	0.9973
第4次	0.0017	0.9973	0.0054	0.0034	0.0034	1.9946	0.0000	1.0000
第5次	0.0000	1.0000	0.0000	0.0000	0.0000	2.0000	0.0000	1.0000
第6次	0.0000	1.0000	0.0000	0.0000	0.0000	2.0000	0.0000	1.0000

然而，$f(x) = x^2 + 1$ 的解為虛數，無法以這個方法求解。進行同樣的操作，近似值沒有辦法收斂（**表2**）。

有趣的是，牛頓法能直接套用到複數範圍，亦即代入複數數據重複 $z \leftarrow z - \dfrac{f(z)}{f'(z)}$。當然，這邊的減法和除法是複數的計算。如果初始值為 $1 + i$，最後會收斂至 i（**表3**）。

牛頓法有一個缺點：當解為複數時，最初的值（初始值）會影響收斂的解。

在複數的牛頓法中，初始值也是複數。分別從複數平面上的點出發，計算會收斂至哪個解，最後會形成奇妙的圖形。

這邊來討論 $f(x) = x^8 - 1$，方程式 $x^8 - 1 = 0$ 的解是

$$x = \cos \frac{k\pi}{4} + \sin \frac{k\pi}{4} i$$
$$(k = 0, 1, .., 7)$$

也就是說，x 依序為

$$1 \cdot \frac{1+i}{\sqrt{2}} \cdot i \cdot \frac{-1+i}{\sqrt{2}} \cdot$$

$$-1 \cdot \frac{-1-i}{\sqrt{2}} \cdot -i \cdot \frac{1-i}{\sqrt{2}}$$

重複 $z \leftarrow z - \dfrac{f(z)}{f'(z)}$ 後，會收斂至這 8 個解的其中之一。收斂到哪一個解，取決於 z 的初始值。下圖是在複數平面上描繪的收斂結果。

8 個分歧皆存在無限之中，根據 k 的數值配成 8 種顏色（橘、紅、紫、靛、藍、綠、黃綠、黃）。顏色較淺處是快速收斂的地方，顏色較深處則相反。我們可發現圖形具有碎形結構，著色後變得非常漂亮。

以黃金比例與複數作圖正五邊形

撰文 木村俊一
日本廣島大學理學部數學系教授

黃金比例與正五邊形

準備一台帶有根號鍵 $\sqrt{\ }$ 的計算機，輸入任意正數後，加1開根號。在計算機上依序按下 $+$ 1 $=$ $\sqrt{\ }$ 等按鍵，重複幾次後，會一直顯示相同的數字「1.6180339887……」。這個數值或者1:1.618……的比例，稱為「黃金比例」（golden ratio）。

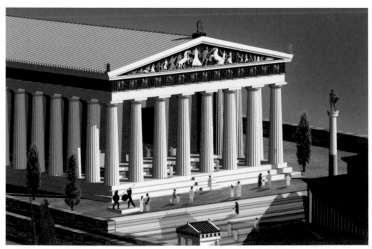

希臘雅典巴特農神殿的復原圖像，據說神殿的正面設計成符合「1:ϕ」的黃金比例。

黃金比例是出現在各個地方的重要數值，具有多種多樣的表記方式，這邊使用「無窮平方根表記」來計算：

黃金比例＝$\sqrt{1+\sqrt{1+\sqrt{1+\sqrt{1+\cdots}}}}$

黃金比例約定表示成「黃金比例＝ϕ」後，ϕ加上1開根號後會變回原數，滿足

$$\sqrt{\phi+1}=\phi$$

兩邊平方後，

$$\phi+1=\phi^2 \qquad\cdots\cdots\cdots\cdots ①$$

套用二次方程式的公式解，可求得正確的數值為

$$\phi=\frac{1+\sqrt{5}}{2}$$

順便一提，此二次方程式的另一個解

$$\frac{1-\sqrt{5}}{2}=-0.6180339887\cdots=1-\phi$$

也就是加1後變成原數的平方，但$1-\phi$是負數，取平方根後會正負顛倒。「加1開平方根後變回原數」的僅有黃金比例ϕ而已。

「黃金比例最美」的說法是真的嗎？

黃金比例歷史悠久，在西元前的希臘人就已經知道了。長寬比為黃金比例「1:ϕ」的長方形被認為是最優美的，據說雅典巴特農（Parthenon）神殿的正面設計成符合「1:ϕ」的

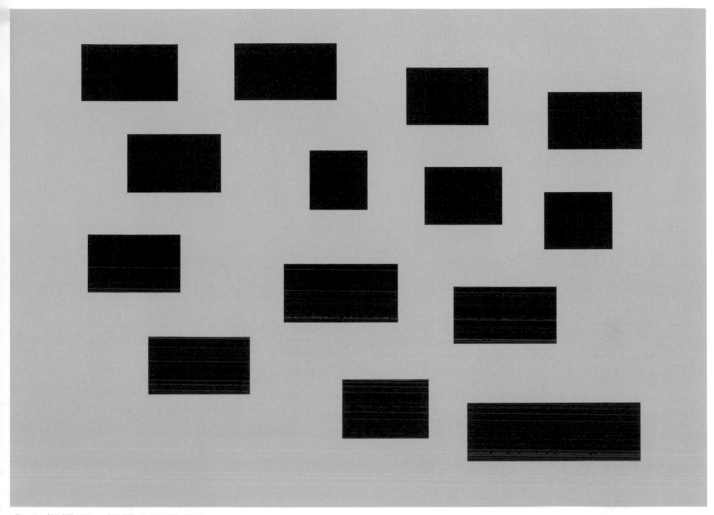

⊙ 你覺得哪一個長方形最美？
各個長方形的縱橫比在第115頁。

比例，是數學應用在建築上的例子。

　　如果你感到疑惑，表示數學程度不錯。哪個長方形比較美，這沒辦法以數學來決定。試著畫出自己心目中最美的長方形，測量其長寬比，會發現有趣的事情。我在課堂上試過好幾次，有的學生認為「當然是正方形最美」而畫出「1：1」的長方形，也有學生覺得「三人並排坐的課桌型狀最好看」而畫出「1：3」的長方形；雖然人各有所好，但其中畫出「1：1.4」

到「1：1.6」長方形的人占大多數。也就是說，黃金比例「1：1.6180339887……」的長方形過於細長。

　　再舉一個「黃金比例的長方形最美」的說法有待商榷的理由，為什麼不是「5：8＝1：1.6」或「8：13＝1：1.625」，而剛好是黃金比例？將「1：1.6」、「1：1.6180339」……和「1：1.625」3個長方形擺在一起（或排列更近似黃金比例的長方形），詢問哪一個長方形最美，大多數會回答看起來都一樣。有種說法

是「名片幾乎就是黃金比例的長方形」，但名片的標準尺寸是「55：91＝1：1.654545」……」，與黃金比例只有微小的差距。順便一提，將名片的橫和長各切掉2毫米成為「55：89＝1：1.6181818……」，與黃金比例的差距就會小到肉眼無法區別。而標準的黃金比例是「55 φ＝88.991869……」，兩個長方形的橫長僅差不到0.01毫米！

　　試著感受一下圖中哪個長方形最為美。這不是在問哪個是黃金比例，輕鬆回答就可以

了。各個長方形的長寬比在第115頁。

順便一提，「黃金比例」一詞出自19世紀後的文獻，希臘時代是稱為「外中比」（extreme and mean ratio）。沒有證據顯示巴特農神殿的設計使用外中比，甚至得極為牽強地解釋正面圖，才會出現約5：8的長方形。希臘人認為黃金比例的長方形最美，不過是一種迷信。

以黃金比例作圖正五邊形

會有這樣的迷信，跟這種長方形能作圖正五邊形有關。提及正五邊形，就會想到古希臘最大的數學教團——畢達哥拉斯學派——的象徵標誌。成功使用尺規作圖正五邊形，是畢達哥拉斯學派偉大的成就，他們也引以為傲。下面就用歐幾里得的《幾何原本》來鑑賞黃金比例與正五邊形的作圖。

首先，取一個以線段AB為邊長的正方形ABCD（**圖1a**）。假設邊AD的中間點為E，根據畢氏定理求出E到B的距離：

$$\sqrt{(\tfrac{1}{2})^2 + 1^2} = \sqrt{\tfrac{5}{4}} = \tfrac{\sqrt{5}}{2}$$

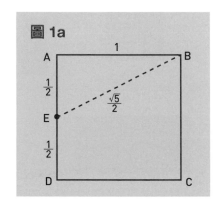

圖1a

以E為中心畫出通過B的圓弧，與AD往A方向延長線相交於點F（**圖1b**），可得

$$DF = \tfrac{1}{2} + \tfrac{\sqrt{5}}{2} = \tfrac{1+\sqrt{5}}{2} = \phi$$

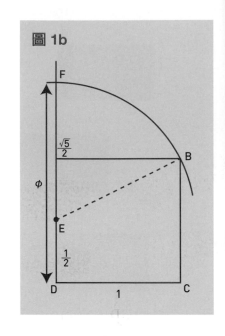

圖1b

接著，畫出底邊長為1、兩斜邊長皆為ϕ的等腰三角形ABC（**圖2a**），試以輔助線來計算等腰三角形的底角、頂角。

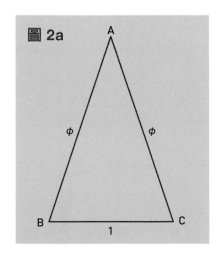

圖2a

在線段AC取AD=1的點D，可知線段DC的長度為$\phi-1$，並注意$\phi-1$等於$\tfrac{1}{\phi}$（**圖2b**）。實際上$\phi(\phi-1) = \phi^2 - \phi$，由①的$\phi^2 = \phi + 1$，移項$\phi$可得$\phi^2 - \phi = 1$。也就是說，$\phi:1 = 1:\phi-1$。

畢達哥拉斯（約前582～約前496）

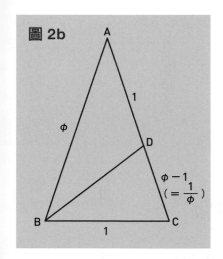

圖 2b

在三角形ABC和三角形BCD中，AB：BC＝BC：CD且∠ABC＝∠BCD，可知兩三角形互為相似，推論出三角形BCD為等腰三角形且BD＝1，所以三角形ABD也是滿足AD＝BD的等腰三角形（**圖2c**）。

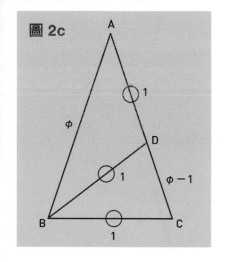

圖 2c

因此，∠BAD＝∠ABD，又由三角形ABC和三角形BCD相似，可知頂角相等∠BAC＝∠CBD。也就是說，線段BD平分了∠ABC，平分角分別等於∠BAC（**圖2d**）。

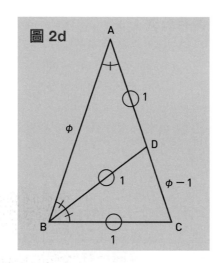

圖 2d

三角形的內角和為什麼會是180°呢？因為

$$\angle ABC＝\angle ACB＝2\angle BAC$$

所以

$$\angle ABC＋\angle ACB＋\angle BAC$$
$$＝（2\angle BAC）＋（2\angle BAC）$$
$$＋\angle BAC$$
$$＝5\angle BAC$$

由此可知

$$\angle BAC＝\frac{180°}{5}＝36°$$

推得

$$\angle ABC＝2\times36°＝72°$$

因此，底邊為1、兩等邊為 ϕ 的等腰三角形的角度，如**圖2e**所示。

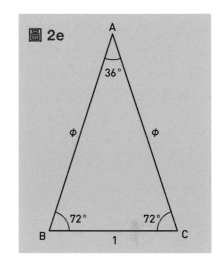

圖 2e

畫出頂角為36°的等腰三角形ABC後，接著畫出其外接圓O，令底角∠ACB和∠ABC的角平分線與圓O的交點分別為E、F（**圖3a**）。

如此一來，五邊形AEBCF會是正五邊形。圓內接三角形時，即便其中一個頂點在圓周上移動，角度也不會改變（圓

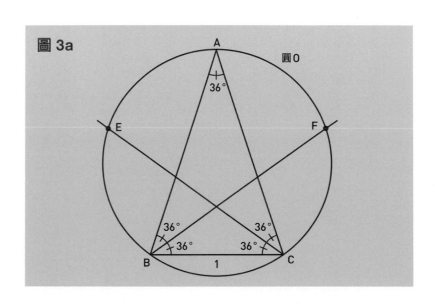

圖 3a

周角定理，inscribed angle）：

∠AEC＝∠ABC＝72°
三角形CAE也是頂角為36°的等腰三角形，跟三角形ABC內接於同一個圓，所以，三角形CAE和三角形ABC全等（**圖3b**）。同理，三角形ABF、三角形FEB、三角形ECF都會全等，五邊形AEBCF的所有邊和內角相等，可知這是正五邊形。

複數與正五邊形

接著來介紹使用複數作圖正五邊形的方法。

首先，以下述的「棣美弗公式」在複數平面上，

$$z^5＝1$$

標記滿足上式的 5 點，確認這些正是正五邊形的 5 個頂點。

棣美弗公式：
當 a 為正數、θ 為實數時，假設 $z＝a（\cos\theta＋i\sin\theta）$，則 $z^n＝a^n（\cos n\theta＋i\sin n\theta）$。

由此可知，除了 $z＝1$ 之外，「$\cos72°\pm i\sin72°$」、「$\cos144°\pm i\sin144°$」五次方後為 1。在複數的世界中，五次方程式剛好具有 5 個解（代數基本定理），這五個會是 $z^5＝1$ 的全部解。所有解的絕對值為 1、輻角為 0、$\pm72°$，$\pm144°$，構成正五邊形的頂點（**圖4**）。

$$z^5－1＝(z－1)(z^4＋z^3＋z^2＋z＋1)$$

因式分解後，除了「$z＝1$」之外，「$z^4＋z^3＋z^2＋z＋1＝0$」的 4 個解會是「$\cos72°\pm i\sin72°$」、「$\cos144°\pm i\sin144°$」。「$z^4＋z^3＋z^2＋z＋1＝0$」的兩邊同除以

z^2，變成求解

$$z^2＋z＋1＋\frac{1}{z}＋\frac{1}{z^2}＝0$$

令

$$t＝z＋\frac{1}{z} \quad\cdots\cdots\cdots②$$

因為

$$t^2＝(z＋\frac{1}{z})^2＝z^2＋2＋\frac{1}{z^2}$$

所以

$$z^4＋z^3＋z^2＋z＋1＝t^2＋t－1＝0$$

由於 t 是 $t^2＋t－1＝0$ 的解，套用二次方程式的公式解：

$$t＝\frac{-1\pm\sqrt{5}}{2} \quad\cdots\cdots\cdots③$$

這邊來討論② $t＝z＋\frac{1}{z}$ 的意義，當 $z＝\cos\theta＋i\sin\theta$ 時，

$$（\cos\theta＋i\sin\theta）（\cos\theta－i\sin\theta）$$
$$＝（\cos\theta）^2＋（\sin\theta）^2$$
$$＝1$$

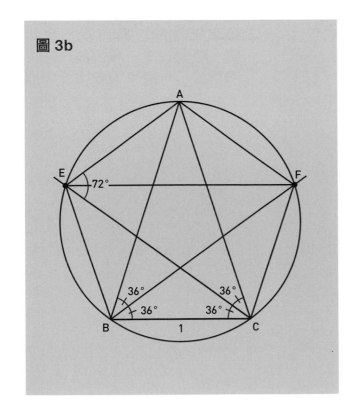

圖 3b

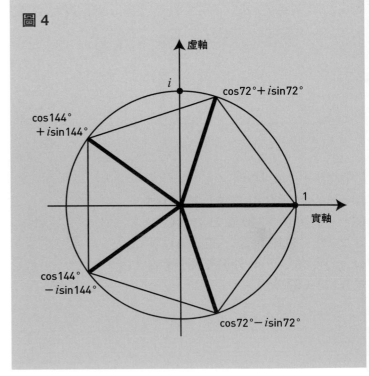

圖 4

虛軸
實軸
i
1
$\cos72°＋i\sin72°$
$\cos144°＋i\sin144°$
$\cos144°－i\sin144°$
$\cos72°－i\sin72°$

所以

$$\frac{1}{z} = \cos\theta - i\sin\theta$$

可知

$$t = z + \frac{1}{z}$$
$$= (\cos\theta + i\sin\theta)$$
$$\quad + (\cos\theta - i\sin\theta)$$
$$= 2\cos\theta$$

也就是說，t 的值為「$2\cos72°$」和「$2\cos144°$」。因此，由③可算出

$$\cos72° = \frac{-1+\sqrt{5}}{4}$$

$$\cos144° = \frac{-1-\sqrt{5}}{4}$$

這些數值為正五邊形的 $z=1$ 以外 4 個點的實部，在此基礎上，我們可如下作圖正五邊形。

首先，在平面上畫出實軸、虛軸，視為複數平面（**圖5a**）。

以原點O為中心畫出半徑為1的圓，再來畫內接於圓的正五邊形。實軸正方向與圓O的交點為 $z=1$。

將 -1 與 O 之間四等分取點 $-\frac{1}{4}$（**圖5b**的黑點），將 i 與 O 之間平分取點 $0.5i$（**圖5b**的紅點）。以 $-\frac{1}{4}$ 為中心畫出通過 $0.5i$ 的小圓，其半徑可由畢氏定理求得 $\frac{\sqrt{5}}{4}$。因此，此小圓與實軸的交點（**圖5b**的綠點）是

$$\frac{-1\pm\sqrt{5}}{4}$$

這些會是正五邊形剩餘四點的實部，以綠點畫出垂直於實軸的垂線，與圓O形成交點，就能求出所有正五邊形的頂點，作出正五邊形的圖形。

希臘時代的作圖帶有仰賴幾何直覺的樂趣。使用複數後，計算才是主要的樂趣。另一方面，希臘時代的作圖方法費勁耗時，但使用複數後會變得相當簡單。

高斯作圖正十七邊形

「1796年3月30日的早晨，19歲的高斯睜開眼睛，正準備下床的那個瞬間，想到了作圖正十七邊形的方法。」（引自高木貞治《近世數學史談》，岩波文庫）。正確來說，不僅只正十七邊形，高斯同時也發現作圖正二百五十七邊形、正六萬五千五百三十七邊形的方法。這是自畢達哥拉斯以來，時隔2000年的紀錄更新。原本不曉得該專攻物理還是數學的高斯，以這項發現為契機，決定走數學這條路（但後來在擔任天文台所長時，也進行了測量、磁力方面的研究）。

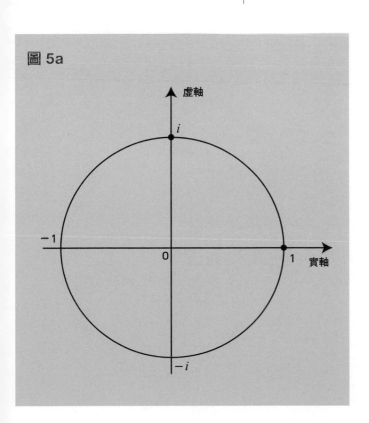

圖 5a

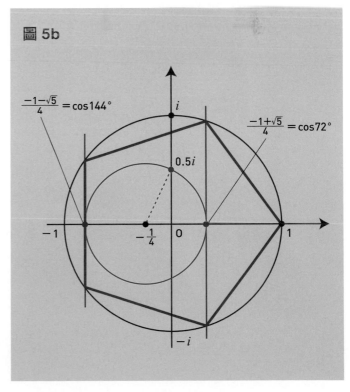

圖 5b

$$\frac{-1-\sqrt{5}}{4} = \cos144°$$

$$\frac{-1+\sqrt{5}}{4} = \cos72°$$

證明能作圖正十七邊形的關鍵在於，$\cos\frac{360°}{17}$ 可如下表示：

$$\cos\frac{360°}{17}$$

$$= \frac{-1+\sqrt{17}+\sqrt{34-2\sqrt{17}}}{16}$$

$$+ \frac{2\sqrt{17+3\sqrt{17}-\sqrt{34-2\sqrt{17}}-2\sqrt{34+2\sqrt{17}}}}{16}$$

雖然這邊省略作圖正十七邊形的具體步驟，但我們可使用尺規作圖長度的加減乘除以及

平方根。例如，作圖長度 r 的平方根（**圖 6**）。取長度 $1+r$ 的線段AC，在線段AC上取點B使得 AB＝1，BC＝r。以AC為直徑畫圓，在點B畫出線段AC的垂

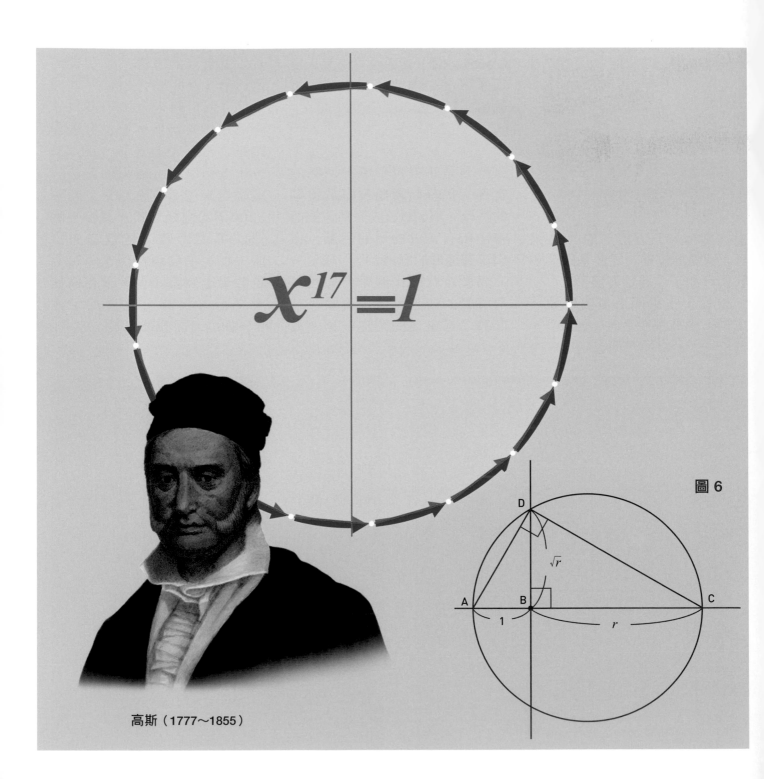

$$x^{17}=1$$

高斯（1777～1855）

圖 6

線，令垂線與圓的交點為D。如此，線段BD的長度會是 $\sqrt{r}$。

根據圓周角定理，此時的 $\angle ADC$ 會是直角。因此，三角形ABD和三角形DBC會相似，得知 $AB:BD=BD:BC$，亦即 $1:BD=BD:r$，整理得 $BD^2=r$，可知線段BD的長度為 $\sqrt{r}$。

利用上述做法求出 $\cos\frac{360^\circ}{17}$ 的長度，就可作圖得出半徑為1的圓內接正十七角形中鄰近1的頂點，複製得出的長度，就能完成整個正十七角形。

高斯以整數論的議論證明 $\frac{360^\circ}{257}$、$\frac{360^\circ}{65537}$ 不僅能具體表示，還能如上以整數、四則運算與平方

根表示其數值。

最後，來看各種長方形的縱橫比，你覺得黃金比例的長方形最美，還是舊型電視機的形狀最美呢？

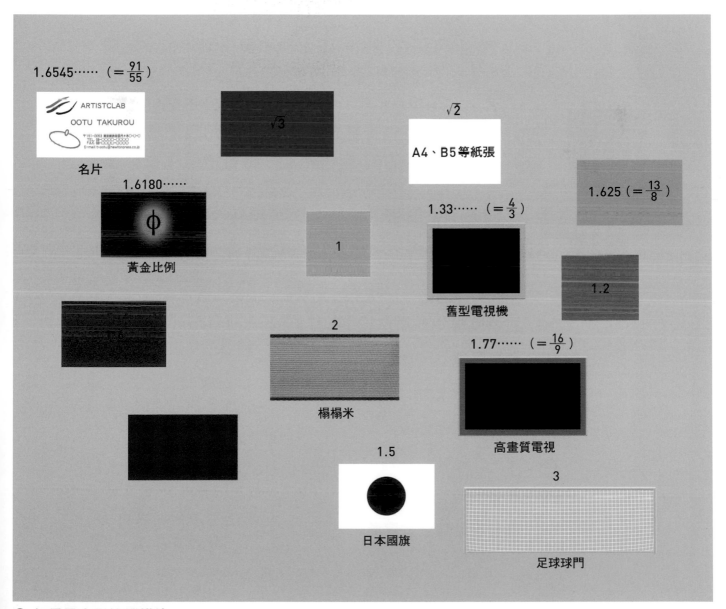

⊙ 各種長方形的縱橫比

各種長方形的長寬比。各數值是長為1時的寬，分別對應109頁顯示的長方形，並將其中幾個畫成具體例子的插圖。

人類的至寶
——歐拉公式

深入研究虛數的瑞士天才數學家歐拉，發現了虛數扮演主角的重要公式——歐拉公式」（Euler's formula）。這項公式是物理學各個領域的必要算式，也是在解明自然界機制時不可欠缺的式子。美國的知名物理學家費曼（Richard Feynman，1918～1988，一譯費因曼）曾讚譽這個公式是「我們的至寶」。第 4 章就來詳細討論歐拉公式吧！

118. 三角函數

120. 泰勒展開 ①～②

124. 何謂虛數次方

126. 歐拉的兩個公式

128. π、i 與 e

130. 鑑賞歐拉公式

132. 為什麼歐拉公式重要？

134. Column 21
何謂三角函數？

136. Column 22
何謂自然對數的底數「e」？

138. Column 23
何謂圓周率「π」？

140. Column 24
為近代數學奠基的
天才數學家歐拉

協助　礒田和美／木村俊一

註：歐拉公式「$e^{ix}=\cos x+i\sin x$」讀作「e 的 ix
次方等於 $\cos x+i\sin x$」；歐拉恆等式「$e^{i\pi}+1$
$=0$」讀作「e 的 $i\pi$ 次方加上 1 等於 0」。

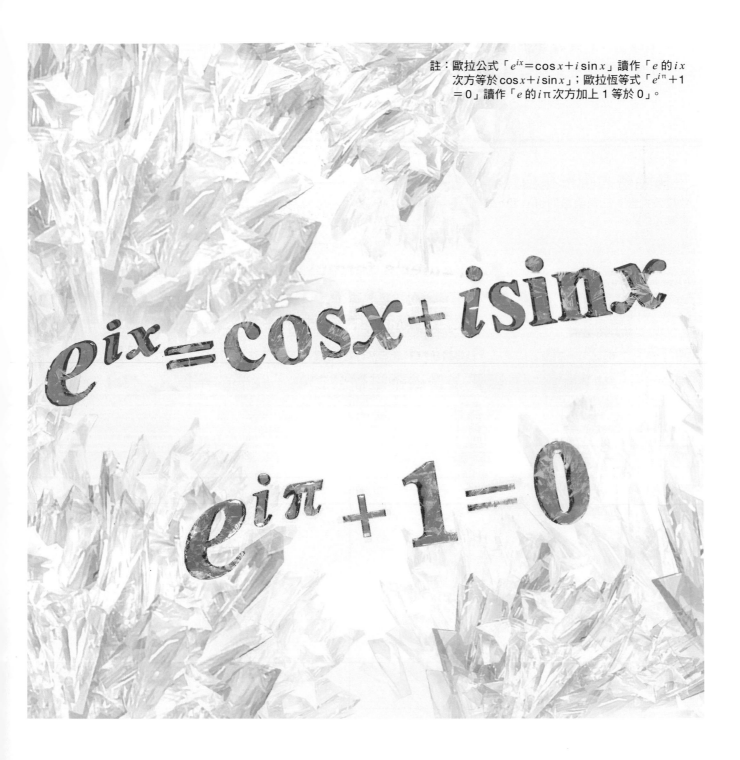

世界最美的式子誕生自「波」狀圖形的「三角函數」！

三角函數

歐拉公式是「$e^{ix}=\cos x + i \sin x$」，下頁會詳細解說公式本身，這邊先來討論當中的$\sin x$和$\cos x$。

$\sin x$和$\cos x$是「三角函數」，高中會使用直角三角形來學習三角函數，但這邊只需記得三角函數的圖形是如下的曲線就足夠了。「$y=\sin x$」和

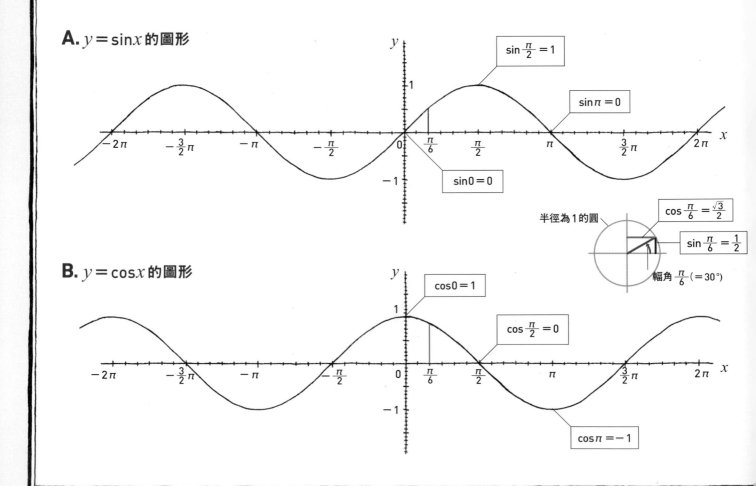

三角函數的圖形是自然界的波形

歐拉公式含有三角函數的$\sin x$和$\cos x$，「$y=\sin x$」（**A**）和「$y=\cos x$」（**B**）呈現波的形狀，近似自然界的聲波、光波等（**C**）。

歐拉公式
$$e^{ix} = \cos x + i \sin x$$

A. $y=\sin x$ 的圖形

$\sin \frac{\pi}{2} = 1$

$\sin \pi = 0$

$\sin 0 = 0$

$\cos \frac{\pi}{6} = \frac{\sqrt{3}}{2}$

半徑為1的圓

$\sin \frac{\pi}{6} = \frac{1}{2}$

輻角 $\frac{\pi}{6}$（$=30°$）

B. $y=\cos x$ 的圖形

$\cos 0 = 1$

$\cos \frac{\pi}{2} = 0$

$\cos \pi = -1$

「$y = \cos x$」的圖形形狀完全一致，差別在於圖形往 x 軸的方向偏移「$\frac{\pi}{2}$（＝90°）」。

三角函數是以數學處理波時的必要函數

$\sin x$ 和 $\cos x$ 的圖形呈現波形。其實，聲波、光波、地震波等自然界的「波」，基本上都可用跟 $\sin x$ 和 $\cos x$ 同樣的波形表示（能表示成波長、振幅相異的多個 $\sin x$ 和 $\cos x$ 相加組合）。因此，三角函數是以數學處理自然界的波時必要的函數。

在物理學，歐拉公式、歐拉恆等式是極受重視的方便式子。這跟**「自然界的波可用三角函數表示」**的事實有關。

C. 自然界的波

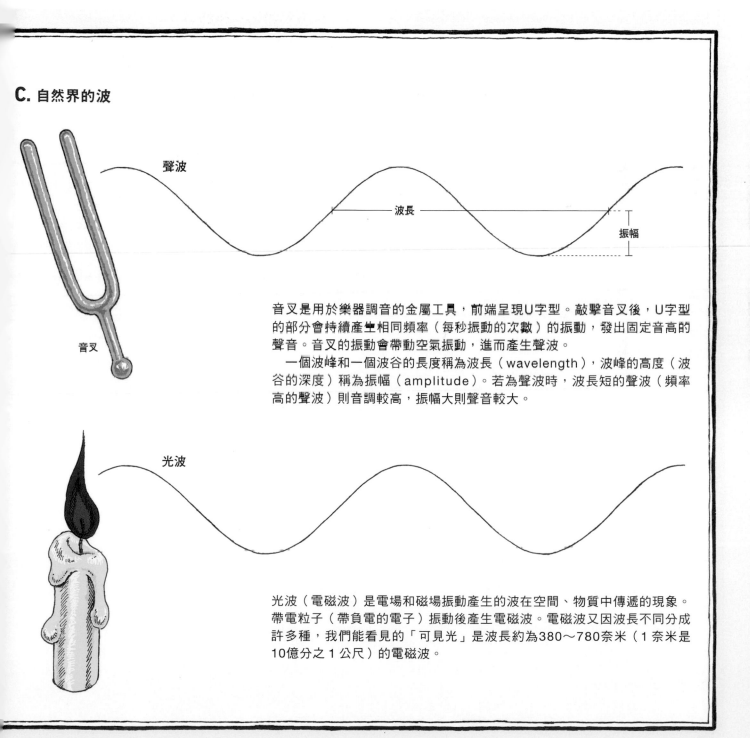

音叉是用於樂器調音的金屬工具，前端呈現U字型。敲擊音叉後，U字型的部分會持續產生相同頻率（每秒振動的次數）的振動，發出固定音高的聲音。音叉的振動會帶動空氣振動，進而產生聲波。

一個波峰和一個波谷的長度稱為波長（wavelength），波峰的高度（波谷的深度）稱為振幅（amplitude）。若為聲波時，波長短的聲波（頻率高的聲波）則音調較高，振幅大則聲音較大。

光波（電磁波）是電場和磁場振動產生的波在空間、物質中傳遞的現象。帶電粒子（帶負電的電子）振動後產生電磁波。電磁波又因波長不同分成許多種，我們能看見的「可見光」是波長約為380～780奈米（1奈米是10億分之1公尺）的電磁波。

指數函數和三角函數變成僅有整數的「美麗式子」！

歐 拉公式中的 e^x（指數函數，參見129頁）、三角函數的 $\sin x$ 和 $\cos x$ 等函數，可表示成僅有 x、乘方（x 自乘幾次的數）和常數的多項式，但不是單純的多項式，而是如下項數無限延續的多項式（無窮級數）。

如同上述，將某函數表示成項數無限延續的多項式，稱為「泰勒展開」（Taylor expansion，又稱為泰勒

---

e^x、$\sin x$、$\cos x$ 的泰勒展開

A. 指數函數 e^x 的泰勒展開

$$e^x = 1 + \frac{x}{1} + \frac{x^2}{1 \times 2} + \frac{x^3}{1 \times 2 \times 3} + \frac{x^4}{1 \times 2 \times 3 \times 4}$$

B. 三角函數 $\sin x$ 的泰勒展開

分子是 x 的奇數 p 次方（x^p）

各項前面的正負號交互替換

$$\sin x = \frac{x}{1} - \frac{x^3}{1 \times 2 \times 3} + \frac{x^5}{1 \times 2 \times 3 \times 4 \times 5} - \frac{x^7}{1 \times 2 \times 3 \times 4 \times 5 \times 6 \times 7}$$

分母是小於奇數 p 的所有自然數相乘（p 的階乘）

C. 三角函數 $\cos x$ 的泰勒展開

$$\cos x = 1 - \frac{x^2}{1 \times 2} + \frac{x^4}{1 \times 2 \times 3 \times 4} - \frac{x^6}{1 \times 2 \times 3 \times 4 \times 5 \times 6}$$

級數）。下述多項式是特殊的泰勒展開，或稱「馬克勞林展開」（Maclaurin expansion）。

e^x、$\sin x$、$\cos x$ 展開後的式子相似

請仔細觀察下面的式子，不覺得很美嗎？e^x 泰勒展開後的式子（右邊），以整數呈現非常規律的形式。

$\sin x$ 的泰勒展開式跟 e^x 的泰勒展開式相似，但 x 只有的奇數次方項，沒有偶數次方項，各項前面的正負號交互替換。

另一方面，$\cos x$ 的泰勒展開式只有 1 和 x 的偶數次方項，沒有 x 的奇數次方項，跟 $\sin x$ 一樣各項前面的正負號交互替換。

高中數學在學習 $\sin x$、$\cos x$ 時，或許會留下「數學家喜歡創造『特殊的函數』」的印象。**這些函數其實可表示成只有整數、具有規律性的優美式子。**從這裡也可窺見數的奧妙。

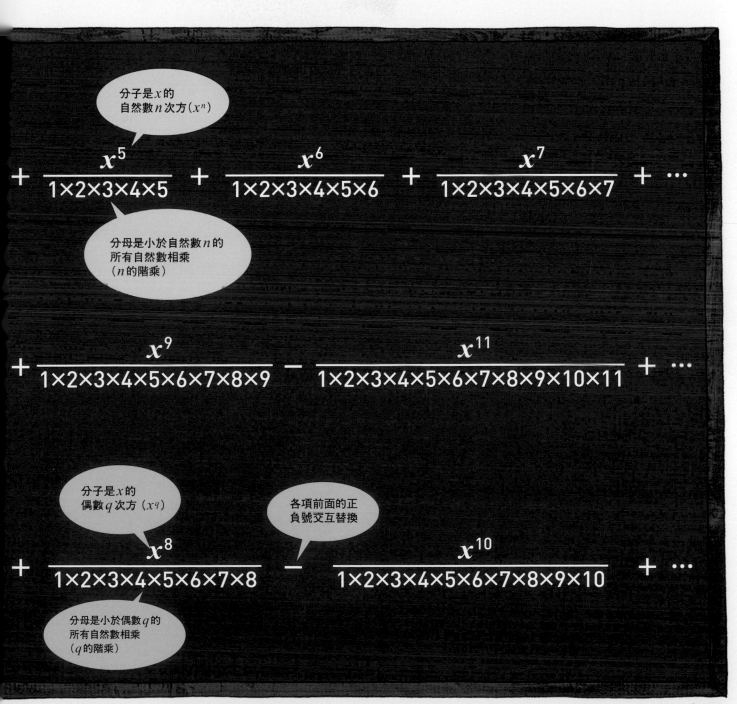

逐項相加後，圖形漸漸重疊！

前頁的泰勒展開式或許很難立刻理解吧。這邊就以圖形來「視覺化」e^x泰勒展開式（如下）的左右邊相等。

$$e^x = 1 + \frac{x}{1} + \frac{x^2}{1 \times 2} + \frac{x^3}{1 \times 2 \times 3} + \frac{x^4}{1 \times 2 \times 3 \times 4}$$
$$+ \frac{x^5}{1 \times 2 \times 3 \times 4 \times 5} + \frac{x^6}{1 \times 2 \times 3 \times 4 \times 5 \times 6}$$
$$+ \frac{x^7}{1 \times 2 \times 3 \times 4 \times 5 \times 6 \times 7} + \cdots\cdots$$

項數無限增加後，就會完全一致

右圖的紅線是上式左邊「$y = e^x$」的圖形。

而藍色虛線是e^x的泰勒展開式（上式右邊）逐項增加時的圖形。也就是說，

「$y=1$」→「$y=1+\frac{x}{1}$」→「$y=1+\frac{x}{1}+\frac{x^2}{1 \times 2}$」

→「$y=1+\frac{x}{1}+\frac{x^2}{1 \times 2}+\frac{x^3}{1 \times 2 \times 3}$」

→「$y=1+\frac{x}{1}+\frac{x^2}{1 \times 2}+\frac{x^3}{1 \times 2 \times 3}+\frac{x^4}{1 \times 2 \times 3 \times 4}$」

由圖可以理解，隨著項數逐漸增加，這條曲線會愈來愈接近e^x的圖形。當右邊的項數無限增加，左右兩邊最後會完全一致，這可由數學證實。

前頁$\sin x$的泰勒展開式和$\cos x$的泰勒展開式也會是一樣的情況。雖然這邊將圖形省略，但隨著右邊項數逐漸增加，右邊的曲線會愈來愈接近左邊的曲線（118頁的$y=\sin x$和$y=\cos x$的圖形）。

視覺化 e^x 的泰勒展開

紅線是$y=e^x$的圖形。藍色虛線是e^x泰勒展開式中每增加一項時的圖形。隨著項數增加，會逐漸接近$y=e^x$的圖形（箭頭）。

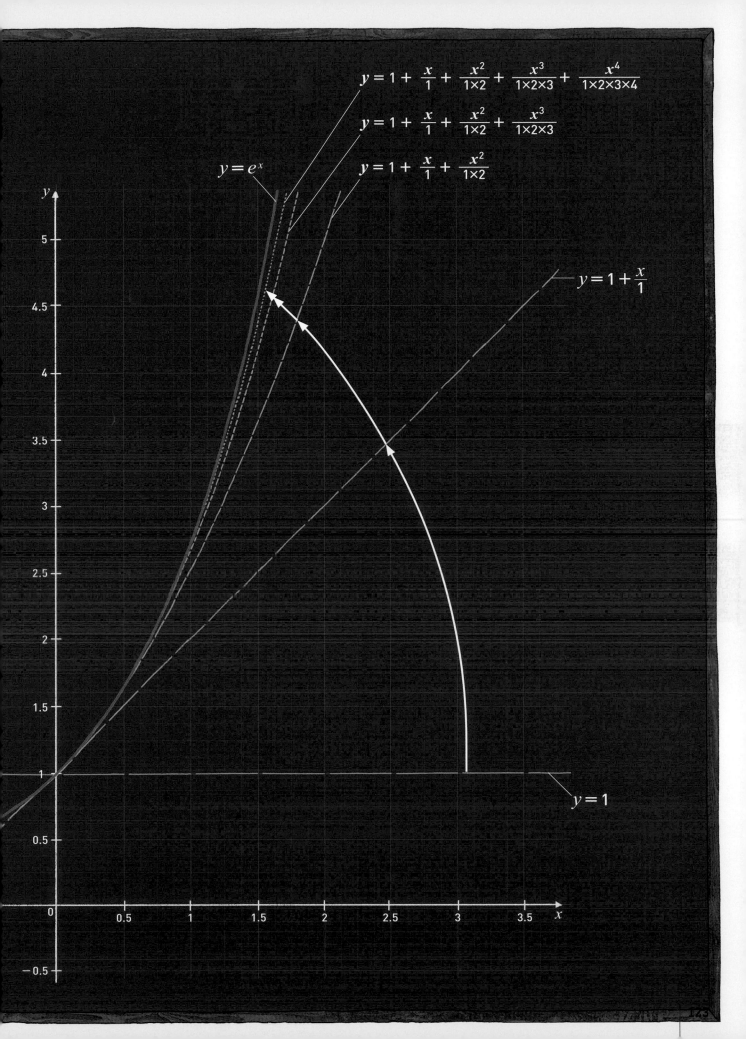

歐拉恆等式中出現的「虛數次方」是什麼？

許多人看了歐拉公式會產生疑問的地方，應該是「$e^{i\pi}$」（e 的 $i\pi$ 次方）的部分吧。$i\pi$ 是虛數，數的虛數次方究竟是什麼意思？

e^x 的泰勒展開式代入 $x=i$（左頁的下式），式子的左邊是 e^i，無法做其他計算，而式子的右邊能計算。例如，右邊

e^i、$\sin i$、$\cos i$ 的計算

e^i 是 e^x 的泰勒展開式代入 $x=i$（**A**）。
$\sin i$ 和 $\cos i$ 也同樣地代入計算（**B, C**）。

A. e^i 的計算

e^x 的泰勒展開式

$$e^x = 1 + \frac{x}{1} + \frac{x^2}{1\times2} + \frac{x^3}{1\times2\times3} + \frac{x^4}{1\times2\times3\times4} + \frac{x^5}{1\times2\times3\times4\times5} + \frac{x^6}{1\times2\times3\times4\times5\times6} + \cdots$$

e^x 的泰勒展開式代入「$x=i$」

$$e^i = 1 + \frac{i}{1} + \frac{i^2}{1\times2} + \frac{i^3}{1\times2\times3} + \frac{i^4}{1\times2\times3\times4} + \frac{i^5}{1\times2\times3\times4\times5} + \frac{i^6}{1\times2\times3\times4\times5\times6} + \cdots$$

計算到右邊第 7 項（到第 7 項的和記為 e^i_7）

$$e^i_7 = \frac{389}{720} + \frac{101}{120} i$$

計算到第 7 項是 $\frac{389}{720} + \frac{101}{120} i$ 的虛數（虛部不為 0 的複數）。雖然這只是近似值，但無窮增加右邊項數後，可求得極為接近真值的數。

於是，數學家決定**「將 e^x 的泰勒展開式代入 $x=i$ 定義為 e^i」**。本來只能使用實數的指數函數，以泰勒展開「擴張」成也能使用虛數。

$\sin i$、$\cos i$ 跟 e^i 的情況相同，**將 $\sin x$ 的泰勒展開式代入 $x=i$ 定義為 $\sin i$；將 $\cos x$ 的泰勒展開式代入 $x=i$ 定義為 $\cos i$**（右頁的下式），將三角函數的泰勒展開式「擴張」成也能使用虛數。

B. $\sin i$ 的計算

$\sin x$ 的泰勒展開式

$$\sin x = \frac{x}{1} - \frac{x^3}{1\times2\times3} + \frac{x^5}{1\times2\times3\times4\times5} - \frac{x^7}{1\times2\times3\times4\times5\times6\times7} + \frac{x^9}{1\times2\times3\times4\times5\times6\times7\times8\times9} - \cdots$$

$\sin x$ 的泰勒展開式代入「$x=i$」

$$\sin i = \frac{i}{1} - \frac{i^3}{1\times2\times3} + \frac{i^5}{1\times2\times3\times4\times5} - \frac{i^7}{1\times2\times3\times4\times5\times6\times7} + \frac{i^9}{1\times2\times3\times4\times5\times6\times7\times8\times9} - \cdots$$

計算到右邊第 5 項（到右邊第 5 項的和記為 $\sin i_5$）

$$\sin i_5 = \frac{426457}{362880} i$$

C. $\cos i$ 的計算

$\cos x$ 的泰勒展開式

$$\cos x = 1 - \frac{x^2}{1\times2} + \frac{x^4}{1\times2\times3\times4} - \frac{x^6}{1\times2\times3\times4\times5\times6} + \frac{x^8}{1\times2\times3\times4\times5\times6\times7\times8} - \cdots$$

$\cos x$ 的泰勒展開式代入「$x=i$」

$$\cos i = 1 - \frac{i^2}{1\times2} + \frac{i^4}{1\times2\times3\times4} - \frac{i^6}{1\times2\times3\times4\times5\times6} + \frac{i^8}{1\times2\times3\times4\times5\times6\times7\times8} - \cdots$$

計算到右邊的第 5 項（到右邊第 5 項的和記為 $\cos i_5$）

$$\cos i_5 = \frac{6913}{4480}$$

透過虛數，揭示指數函數與三角函數的關係

歐拉的兩個公式

將 e^x 的泰勒展開式代入 $x=ix$ 整理（左頁的下式），分成 1 和 x 的偶數次方項與 x 的奇數次方項來討論（右頁的上式）。由 $\sin x$ 的泰勒展開式和 $\cos x$ 的泰勒展開式，可推導出歐拉公式「$e^{ix}=\cos x + i\sin x$」。

再看一次歐拉公式。從這個

推導歐拉公式和歐拉恆等式

歐拉公式的推導是 e^x 的泰勒展開式代入 $x=ix$（**A**）。
歐拉恆等式的推導是歐拉公式代入 $x=\pi$（**B**）。

A. 推導歐拉公式

e^x 的泰勒展開式

$$e^x = 1 + \frac{x}{1} + \frac{x^2}{1\times2} + \frac{x^3}{1\times2\times3} + \frac{x^4}{1\times2\times3\times4} + \frac{x^5}{1\times2\times3\times4\times5} + \frac{x^6}{1\times2\times3\times4\times5\times6} + \frac{x^7}{1\times2\times3\times4\times5\times6\times7} + \cdots$$

e^x 的泰勒展開式代入「$x=ix$」

$$e^{ix} = 1 + \frac{ix}{1} + \frac{(ix)^2}{1\times2} + \frac{(ix)^3}{1\times2\times3} + \frac{(ix)^4}{1\times2\times3\times4} + \frac{(ix)^5}{1\times2\times3\times4\times5} + \frac{(ix)^6}{1\times2\times3\times4\times5\times6} + \frac{(ix)^7}{1\times2\times3\times4\times5\times6\times7} + \cdots$$

整理右式

$$e^{ix} = 1 + \frac{ix}{1} + \frac{(ix)^2}{1\times2} + \frac{(ix)^3}{1\times2\times3} + \frac{(ix)^4}{1\times2\times3\times4} + \frac{(ix)^5}{1\times2\times3\times4\times5} + \frac{(ix)^6}{1\times2\times3\times4\times5\times6} + \frac{(ix)^7}{1\times2\times3\times4\times5\times6\times7} + \cdots$$

$$= 1 + \frac{ix}{1} + \frac{i^2x^2}{1\times2} + \frac{i^3x^3}{1\times2\times3} + \frac{i^4x^4}{1\times2\times3\times4} + \frac{i^5x^5}{1\times2\times3\times4\times5} + \frac{i^6x^6}{1\times2\times3\times4\times5\times6} + \frac{i^7x^7}{1\times2\times3\times4\times5\times6\times7} + \cdots$$

$$= 1 + \frac{ix}{1} + \frac{i^2\times x^2}{1\times2} + \frac{i^2\times ix^3}{1\times2\times3} + \frac{i^2\times i^2\times x^4}{1\times2\times3\times4} + \frac{i^2\times i^2\times ix^5}{1\times2\times3\times4\times5} + \frac{i^2\times i^2\times i^2\times x^6}{1\times2\times3\times4\times5\times6} + \frac{i^2\times i^2\times i^2\times ix^7}{1\times2\times3\times4\times5\times6\times7} + \cdots$$

$$= 1 + \frac{ix}{1} + \frac{(-1)\times x^2}{1\times2} + \frac{(-1)\times ix^3}{1\times2\times3} + \frac{(-1)\times(-1)\times x^4}{1\times2\times3\times4} + \frac{(-1)\times(-1)\times ix^5}{1\times2\times3\times4\times5} + \frac{(-1)\times(-1)\times(-1)\times x^6}{1\times2\times3\times4\times5\times6} + \frac{(-1)\times(-1)\times(-1)\times ix^7}{1\times2\times3\times4\times5\times6\times7} + \cdots$$

$$= 1 + \frac{ix}{1} - \frac{x^2}{1\times2} - \frac{ix^3}{1\times2\times3} + \frac{x^4}{1\times2\times3\times4} + \frac{ix^5}{1\times2\times3\times4\times5} - \frac{x^6}{1\times2\times3\times4\times5\times6} - \frac{ix^7}{1\times2\times3\times4\times5\times6\times7} + \cdots$$

式子可看出：**誕生緣由、形狀迴異的指數函數和三角函數，兩者透過 i 連結了起來**。歐拉使用虛數，揭示了指數函數和三角函數的潛藏關係。

▋推導歐拉恆等式

歐拉公式代入 $x = \pi$（右頁的下式）後，**由 $\cos\pi = -1$，$\sin\pi = 0$ 能夠導出「$e^{i\pi} + 1 = 0$」**。這個式子稱為「歐拉恆等式」，很多科學家、數學家譽之為「世界最美的式子」。

「指數函數、三角函數」和「e、i、π」這些乍看之下毫無關係的函數與數之間，歐拉揭示了潛藏其中的關係性。這個神祕又不可思議的關係性，讓許多科學家、數學家感到「優美」。

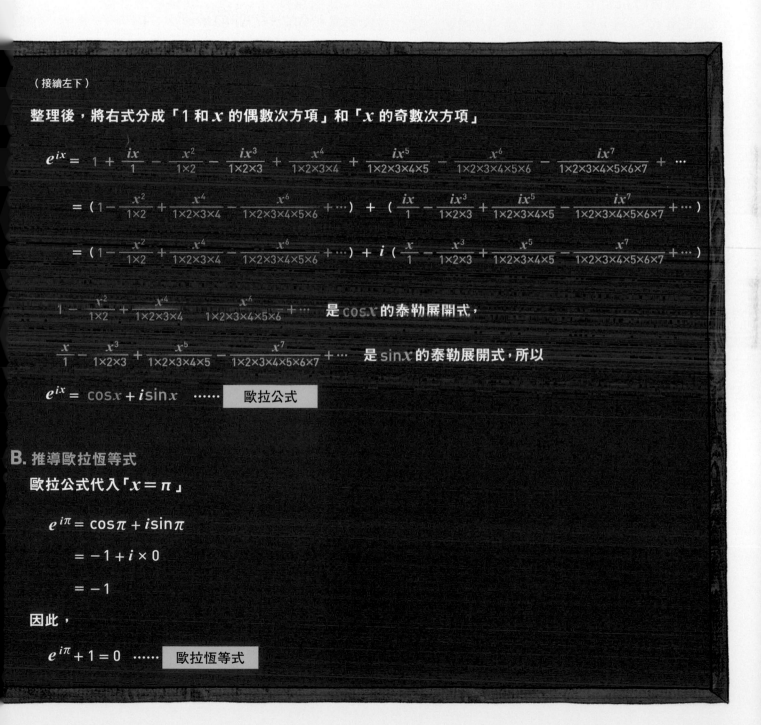

（接續左下）

整理後，將右式分成「1 和 x 的偶數次方項」和「x 的奇數次方項」

$$e^{ix} = 1 + \frac{ix}{1} - \frac{x^2}{1\times2} - \frac{ix^3}{1\times2\times3} + \frac{x^4}{1\times2\times3\times4} + \frac{ix^5}{1\times2\times3\times4\times5} - \frac{x^6}{1\times2\times3\times4\times5\times6} - \frac{ix^7}{1\times2\times3\times4\times5\times6\times7} + \cdots$$

$$= \left(1 - \frac{x^2}{1\times2} + \frac{x^4}{1\times2\times3\times4} - \frac{x^6}{1\times2\times3\times4\times5\times6} + \cdots\right) + \left(\frac{ix}{1} - \frac{ix^3}{1\times2\times3} + \frac{ix^5}{1\times2\times3\times4\times5} - \frac{ix^7}{1\times2\times3\times4\times5\times6\times7} + \cdots\right)$$

$$= \left(1 - \frac{x^2}{1\times2} + \frac{x^4}{1\times2\times3\times4} - \frac{x^6}{1\times2\times3\times4\times5\times6} + \cdots\right) + i\left(\frac{x}{1} - \frac{x^3}{1\times2\times3} + \frac{x^5}{1\times2\times3\times4\times5} - \frac{x^7}{1\times2\times3\times4\times5\times6\times7} + \cdots\right)$$

$1 - \dfrac{x^2}{1\times2} + \dfrac{x^4}{1\times2\times3\times4} - \dfrac{x^6}{1\times2\times3\times4\times5\times6} + \cdots$ 是 $\cos x$ 的泰勒展開式，

$\dfrac{x}{1} - \dfrac{x^3}{1\times2\times3} + \dfrac{x^5}{1\times2\times3\times4\times5} - \dfrac{x^7}{1\times2\times3\times4\times5\times6\times7} + \cdots$ 是 $\sin x$ 的泰勒展開式，所以

$$e^{ix} = \cos x + i\sin x \quad \cdots\cdots \boxed{\text{歐拉公式}}$$

B. 推導歐拉恆等式

歐拉公式代入「$x = \pi$」

$$e^{i\pi} = \cos\pi + i\sin\pi$$
$$= -1 + i\times0$$
$$= -1$$

因此，

$$e^{i\pi} + 1 = 0 \quad \cdots\cdots \boxed{\text{歐拉恆等式}}$$

數學界的三大關鍵字 π、i 與 e 是什麼？

歐拉恆等式中的圓周率 π、虛數單位 i、歐拉常數 e（又稱納皮爾常數），堪稱數學界的「三大關鍵字」，出現在數學界的各種場面。**想要實際體會歐拉恆等式的美，必須知道 π、i 與 e 的「誕生」全然不同。**

π 是誕生自圓的數，用圓周除以圓直徑而成的數。π 是 3.141592……小數點後無限不循環的「無理數」。

本書的主角 i 是為求解方程式而誕生的數，平方後為 −1 的數（第 2 章）。i 是最單純的虛數，當作虛數的單位而稱為「虛數單位」。

▍e 誕生自金錢的計算

e 是「$(1+\frac{1}{n})^n$」式中 n 為無限大時的數（收斂值）。e 是 2.718281……小數點後無限不循環的無理數。

據說，e 誕生自金錢（存款）的計算。其實，$(1+\frac{1}{n})^n$ 這個式子也是用來計算存款金

π、i 與 e 看似沒有關聯

π 是從圓誕生的數（**A**）；i 是為求方程式的解而誕生的數（**B**）；e 據說是誕生自金錢計算的數（**C**），乍看之下，三個數沒有任何關聯。另外，插圖分別是圖像化三數的意象與符號。

A. 圓周率 π

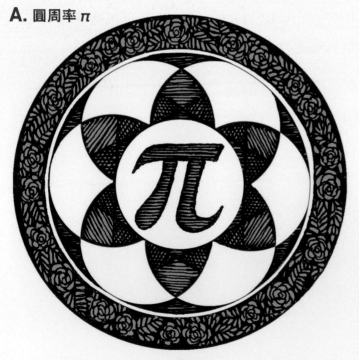

π = 3.141592……

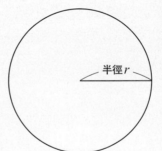

半徑 r 的圓

圓周 = 直徑 × π
　　 = 2πr

圓的面積 = π × 半徑的平方
　　　　 = πr²

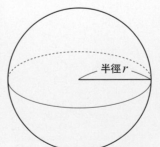

半徑 r 的球

球的表面積 = 4 × π × 半徑的平方
　　　　　 = 4πr²

球的體積 = $\frac{4}{3}$ × π × 半徑的立方
　　　　 = $\frac{4}{3}πr^3$

圓周率 π 是圓周除以圓直徑的數。

早在西元前，人們便已經知道圓周率為固定值。據說，西元前2000年左右的巴比倫人就將圓周率定為「3」或「3又$\frac{1}{8}$」（3.125）。英國的數學家瓊斯（William Jones，1675～1749）於1706年開始使用「π」作為圓周率的符號。

額的算式[1]。假設最初存進的金額為「1」，$\frac{1}{n}$ 年後存款金額變為（$1+\frac{1}{n}$）倍，則一年之後的金額則會是（$1+\frac{1}{n}$）^{n}。$\frac{1}{n}$ 是 $\frac{1}{n}$ 年後產生的利息（複利[2]）。

例如，式子代入 $n=1$ 可求得 $\frac{1}{1}$ 年後的存款金額變為（$1+\frac{1}{1}$）倍，一年後的存款金額是（$1+\frac{1}{1}$）$^1=2$；式子代入 $n=2$，可求得 $\frac{1}{2}$ 年後的存款金額變成（$1+\frac{1}{2}$）倍，一年後的存款金額是（$1+\frac{1}{2}$）$^2=2.25$[3]。

那麼，當 n 為無限大（產生利息的時間無限短）時，一年後的存款金額會有什麼變化呢？會變成無限大嗎？最後的計算結果會是 e。

假設最初存進去的金額為 1，$\frac{1}{n}$ 年後的存款金額變成（$1+\frac{1}{n}$）倍，當 n 為無限大時，一年後的存款金額會是 2.718281……。這代表無論怎麼縮短產生利息的時間，一年後的存款金額最多只有 2.718281……。

B. 虛數單位 i

$$i^2=-1$$

$$i=\sqrt{-1}$$

虛數單位 i 是平方後為 -1 的數。
也可表示成「$i=\sqrt{-1}$」

過去在古希臘和古印度，平方後為負的數都遭到忽視。直到16世紀的義大利，為求三次方程式的解，需要平方後為負的數，虛數才逐漸得到人們的認同。虛數單位「i」是歐拉於1777年開始使用的符號。

C. 歐拉常數 e

$$e=2.718281\cdots\cdots$$

$$(\log_e x)'=\frac{1}{x}$$

$$(e^x)'=e^x$$

註：（　）' 意為「微分」括號內的函數。微分粗略來說就是計算圖形的斜率。

歐拉常數 e 是（$1+\frac{1}{n}$）^{n} 中，n 為無限大時的數。

歐拉常數也稱為「納皮爾常數」，源於構想並發表「對數」的英國數學家納皮爾。對數相當於 a 自乘幾次後為 x 的數，記為「$\log_a x$」。

歐拉於1727年開始使用符號「e」，a 為 e 的對數稱為「自然對數」。自然對數的函數「$y=\log_e x$」，具有微分後變成簡單形式「$y=\frac{1}{x}$」的性質；而 e 的指數函數「$y=e^x$」，具有微分後仍為 $y=e^x$ 的性質。

歐拉以天才般的計算能力，闡明虛數的重要性

歐拉公式是歐拉熱心研究「無窮級數」所推導出來的公式。下面就來詳細講解他是怎麼推導出公式，順道複習前面的內容。

首先，如「1＋2＋3＋4＋5＋……」、「1＋2＋4＋8＋16＋……」等，將有規律無限延續的數列全部相加起來，稱為無窮級數。

歐拉注意到，指數函數的 e^x、三角函數的 $\sin x$ 和 $\cos x$

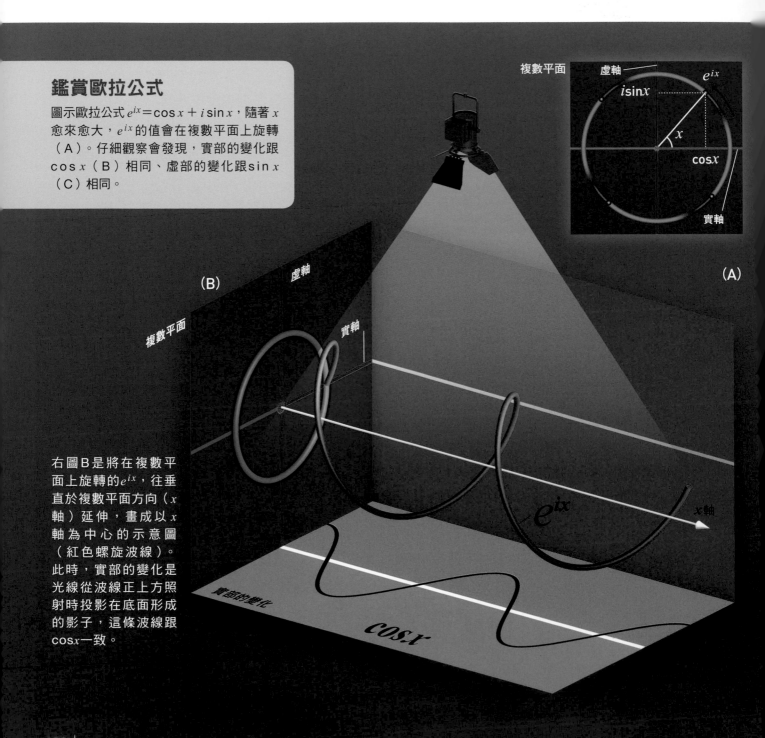

鑑賞歐拉公式

圖示歐拉公式 $e^{ix}=\cos x + i\sin x$，隨著 x 愈來愈大，e^{ix} 的值會在複數平面上旋轉（A）。仔細觀察會發現，實部的變化跟 $\cos x$（B）相同、虛部的變化跟 $\sin x$（C）相同。

右圖B是將在複數平面上旋轉的 e^{ix}，往垂直於複數平面方向（x軸）延伸，畫成以x軸為中心的示意圖（紅色螺旋波線）。此時，實部的變化是光線從波線正上方照射時投影在底面形成的影子，這條波線跟 $\cos x$ 一致。

複數平面　虛軸　e^{ix}

$i\sin x$

x

$\cos x$

實軸

（A）

（B）　虛軸

複數平面

實軸

e^{ix}

x軸

實部的變化

$\cos x$

能表示成無窮級數。

於是，歐拉將 x 換成 ix 代入 e^x 的無窮級數，把 e^{ix} 表示成複數的無窮級數，發現實部等於 $\cos x$ 的無窮級數、虛部等於 $\sin x$ 的無窮級數。

也就是說，e^{ix} 能表示為 $e^{ix} = \cos x + i\sin x$。透過虛數 i 為

夥伴，能夠簡單連結三角函數與指數函數，這個數學式就是「歐拉公式」。

歐拉公式的 x 代入 π 後會變成 $e^{i\pi} = -1$，兩邊同加 1 可得 $e^{i\pi} + 1 = 0$，這個數學式就是「歐拉恆等式」。

將三角函數的振動轉為複數平面上的旋轉

下面插圖是歐拉公式的示意圖。「使用歐拉公式」相當於將三角函數的週期振動轉為「複數平面上的旋轉」來討論。

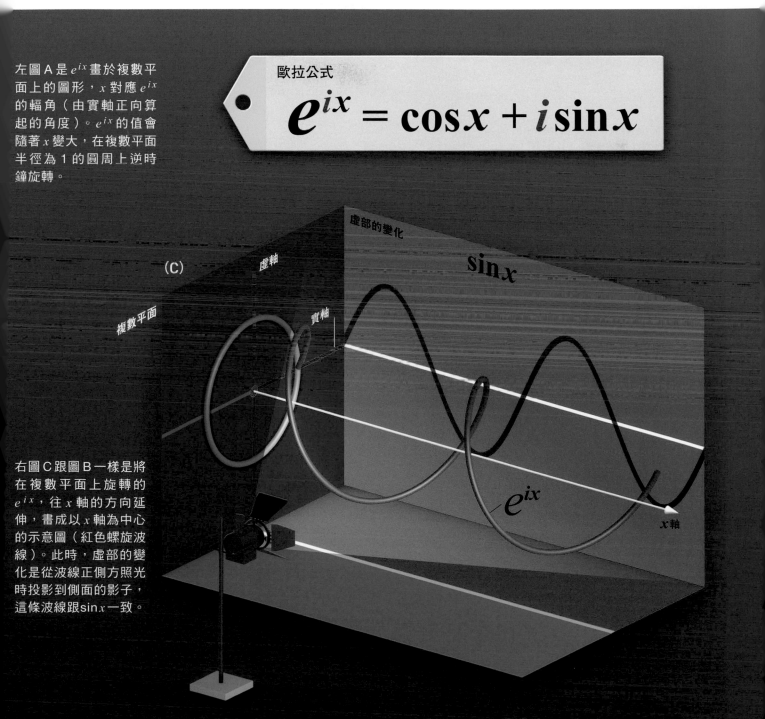

左圖 A 是 e^{ix} 畫於複數平面上的圖形，x 對應 e^{ix} 的輻角（由實軸正向算起的角度）。e^{ix} 的值會隨著 x 變大，在複數平面半徑為 1 的圓周上逆時鐘旋轉。

歐拉公式

$$e^{ix} = \cos x + i\sin x$$

右圖 C 跟圖 B 一樣是將在複數平面上旋轉的 e^{ix}，往 x 軸的方向延伸，畫成以 x 軸為中心的示意圖（紅色螺旋波線）。此時，虛部的變化是從波線正側方照光時投影到側面的影子，這條波線跟 $\sin x$ 一致。

(C)　複數平面　虛軸　實軸　虛部的變化　$\sin x$　e^{ix}　x軸

「歐拉公式」是「不可欠缺的工具」

對現代科學家來說，歐拉公式是不可欠缺的「數學工具」。試解下述例題，就能實際體會歐拉公式有多方便。

例題：試求複數 $\sqrt{3}+i$ 的 5 次方。

若單純普通計算 $(\sqrt{3}+i)\times(\sqrt{3}+i)\times(\sqrt{3}+i)\times(\sqrt{3}+i)\times(\sqrt{3}+i)$，過程非常麻煩。

於是就輪到歐拉公式登場，但要先將 $\sqrt{3}+i$ 轉為「極式」（polar form）。極式是使用 r（複數平面上的點與原點連線的線段長度）和 θ（該線段相對於實數軸逆時鐘旋轉的夾角）將複數表示成 $r(\cos\theta+i\sin\theta)$ 的形式（92頁），r 為複數的「絕對值」（absolute value），為「輻角」。

由118頁的圖可知，$\cos30° = \frac{\sqrt{3}}{2}$，$\sin30° = \frac{1}{2}$。利用這些數值，複數 $\sqrt{3}+i$ 可表示成如下的極式：

$$\sqrt{3}+i=2\left(\frac{\sqrt{3}}{2}+i\times\frac{1}{2}\right)$$
$$=2\left(\cos30°+i\sin30°\right)$$

這個 $(\cos30°+i\sin30°)$ 跟歐拉公式的右邊形式相同，所以可用歐拉公式寫成如下的指數形式 $r(e^{i\theta})$：

$$\sqrt{3}+i=2\left(\cos30°+i\sin30°\right)$$
$$=2e^{i\times30°}$$

特地改寫成指數形式是有原因的，這樣能將麻煩的乘法轉為指數的加法。例如，該複數的 5 次方可如下計算：

$$(\sqrt{3}+i)^5$$
$$=\left(2e^{i\times30°}\right)^5$$
$$=2^5\times\left(e^{i\times30°}\right)^5$$
$$=2^5\times e^{(i\times30°+i\times30°+i\times30°+i\times30°+i\times30°)}$$
$$=32\times e^{i\times150°}$$

接著再使用一次歐拉公式將 $e^{i\times150°}$ 改回普通的複數：

$$e^{i\times150°}=\cos150°+i\sin150°$$
$$=-\frac{\sqrt{3}}{2}+\frac{1}{2}i$$

將之乘以32倍的 $-16\sqrt{3}+16i$ 就是例題的答案。

如同上述，使用歐拉公式後，能將複雜的複數計算轉為簡單的運算。

相較於三角函數，指數函數比較容易處理。如同這邊介紹的例題，除了「乘法變成加法」之外，「微分後保持不變」也是指數函數 e^x 的優點。許多時候只要使用歐拉公式，就能簡化問題，將三角函數轉為指數函數來計算。這就是歐拉公式被數學家、物理學家視為至寶的主要原因。

虛數是現代科學家的必需品

如第118頁所述，想瞭解「波」與「振動」的性質，sin、cos等三角函數是不可欠缺的概念。自然界充滿著波與振動的現象，我們感受到的光、聲音、從發電廠輸送到家庭的交流電、手機通話的無線電波，以及構成我們身體的電子等基本粒子，都具有波與振動的性質，說波與振動支配著自然界也不為過。

如今，科學家、工程師理所當然地使用歐拉公式，運用虛數輕鬆求解答案。雖然提出虛數的卡當諾曾說虛數「沒有實用價值」，但現今虛數已經成為我們生活的一部分了。　　✦

分解成各種頻率

複雜的波（聲波等）

降噪耳機的原理也是來自歐拉公式

能夠降低周圍噪音的「降噪耳機」，就是其中一項運用歐拉公式的產品。

降噪耳機是藉由偵測周遭的噪音，從內部同步發出波形與噪音相反的訊號，來降低噪音的耳機。降噪耳機在分析偵測到的噪音波形時，就是運用了以歐拉公式為基礎的「傅立葉轉換」（Fourier transform）。

降噪耳機不過是傅立葉轉換的常見應用之一，我們在各種生活情境都受惠於天才數學家歐拉。

「傅立葉轉換」的數學式：

$$F(k) = \frac{1}{\sqrt{2\pi}} \int_{-\infty}^{\infty} f(x) e^{-ikx} dx$$

將「複雜的波」視為函數，並表示成「傅立葉級數展開」（Fourier expansion）的形式，就能將波分解成形單純的正弦波（sine wave）和餘弦波（cosin wave）。具體求出含有多少這種波的操作，就稱為「傅立葉轉換」。上面的數學式 $F(k)$ 是將函數 $f(x)$ 經由傅立葉轉換而成的函數。使用歐拉公式後，上式的 e^{-ikx} 可表示成 $\cos kx - i\sin kx$。

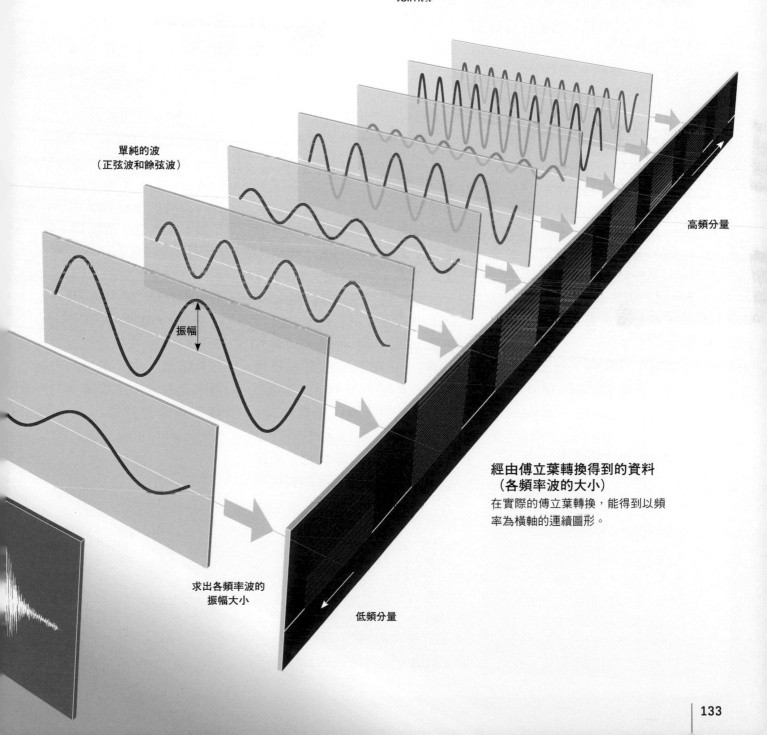

單純的波
（正弦波和餘弦波）

振幅

高頻分量

求出各頻率波的振幅大小

低頻分量

經由傅立葉轉換得到的資料
（各頻率波的大小）
在實際的傅立葉轉換，能得到以頻率為橫軸的連續圖形。

何謂三角函數？

在數學世界中，有幾個事前知道會很方便的「工具」。「三角函數」就是具有代表性的例子。

首先，我們先來說明「函數」這個詞，函數就好比「將某數丟入箱子，根據輸入值返回固定值的機器」。假設輸入機器的數為 x，則式子「$2x$」就是出色的函數，輸入 3（也就是 x 代入 3）後會返回 6 這個數。

同樣地，「三角函數」也是輸入某數後，根據輸入值返回固定值。不過，三角函數輸入的「某數」通常是 45°、60° 等角度。

「sin」（正弦）是三角函數之一，正弦函數輸入 18°、30° 後，會返回 sin18°、sin30° 等值。那麼，sin18°、sin30° 是什麼樣的固定值呢？

如同三角函數的名稱，這邊拿出三角形來說明，討論角 A 為 30°、角 B 為 90° 的直角三角形 ABC（**1**）。由三角形的內角和為 180°，可以得知角 C 會是（180°−30°−90°＝60°），確定了三角形的形狀。

下面配合圖形，將邊 AB 稱為「底邊」、邊 BC 稱為「高」、邊 AC 稱為「斜邊」。無論這個三角形畫成什麼尺寸，都會互為相似形，高與斜邊的比（$\frac{BC}{AC}$）跟三角形 ABC 的大小無關，僅取決於角 A 的大小。

例如，當角 A 為 30° 時，三角形 ABC 會是正三角形的對切形狀，所以 $\frac{BC}{AC} = \frac{1}{2}$；角 A 為 45° 時，三角形 ABC 會是等腰直角三角形，若 AB＝1 則 BC 也為 1，根據畢氏定理 AC＝$\sqrt{2}$，所以 $\frac{BC}{AC} = \frac{1}{\sqrt{2}} = \frac{\sqrt{2}}{2}$。

這個「高與斜邊的比」正是正切函數「sin」返回的數值，亦即 $\sin 30° = \frac{1}{2}$、$\sin 45° = \frac{\sqrt{2}}{2}$。

至於「底邊與斜邊的比」（$\frac{AB}{AC}$）是名為「cos」（餘弦）的三角函數。做法跟正弦的情況一樣，可求得 $\cos 30° = \frac{\sqrt{3}}{2}$，$\cos 45° = \frac{\sqrt{2}}{2}$。

正弦和餘弦是與「tan」（正切：高與底邊的比 $\frac{BC}{AB}$）並列，具代表性的三角函數。

根據上面使用直角三角形的定義，只能決定角度介於 0° 至 90° 的正弦值、餘弦值。無論三角形的大小為何，邊的比值都相同，若決定斜邊 AC 的長度為 1，則正弦值會是 BC 本身；餘弦值會是 AB 本身，剛好能用邊長來表示。然後，試著想像以 A 為中心，長度 1 的線段 AC 繞行圓圈的情況（**2**）。

以 A 為原點，如圖取 x 軸、y 軸，則從 C 向 x 軸畫出垂線的垂點為 $\cos\theta$，向 y 軸畫出垂線的垂點為 $\sin\theta$，無論是什麼樣的實數，都能決定 $\sin\theta$、$\cos\theta$。有些學派是以此來定義三角函數，由於出現的不是三角形而是圓，所以英文有時會將三角函數稱為「圓函數」（circular function）。

1.

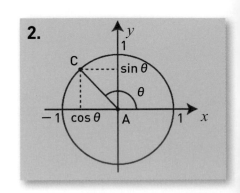

2.

如 2 所示，若為實數，則 sin θ、cos θ 會落在 −1 和 1 之間，線段 AC 旋轉 360° 後會回到原來的位置，sin θ、cos θ 是以 360° 為週期，在 −1 和 1 之間來回變動（參見第118頁）。

三角函數有哪些用途？

前面提到三角函數是便利的工具，在瞭解波與振動的性質上，也是不可欠缺的概念，例如討論下述問題時，三角函數會發揮巨大的威力。

問題：
你站在北緯 θ 度的地方，測量該處「地表至地軸」的最短距離，試問該長度為地球半徑的幾倍？

地球並非正圓球形，而是稍微扁平的球形，為了簡單起見，這裡把地球視為正圓球形。地軸是連結北極和南極的直線，貫穿地球中心。

此題的答案是「cos θ 倍」。例如，站在「北緯 0 度」赤道正下方，此處到地軸的最短距離是地球半徑的 cos0°＝1 倍；如果站在北緯60°的話，答案是 cos60°＝$\frac{1}{2}$ 倍；站在北緯90°北極點時，答案是 cos90°＝0 倍。北極點是落於地軸上的點，至地軸最短的距離的確是 0。順便一提，北海道北端的稚內位於北緯45°，此處到地軸的距離會是赤道到地軸的 cos45°＝0.707倍。位在比北海道更北邊的聖彼得堡、奧斯陸、赫爾辛基幾乎都位於北緯60°，可知這些地方到地軸的距離為赤道到地軸的一半。

另一個讓三角函數發揮強大效用的工具是「加法定理」（addition theorem），只要知道兩個角度的正餘弦值，就能簡單算出兩個角度相加後的正餘弦值。此處省略公式的證明，公式如下：

加法定理：

$$\sin(a+b)$$
$$=\sin(a)\cdot\cos(b)+\cos(a)\cdot\sin(b)$$

$$\cos(a+b)$$
$$=\cos(a)\cdot\cos(b)-\sin(a)\cdot\sin(b)$$

例如，由 sin45°＝cos45°＝$\frac{\sqrt{2}}{2}$，sin30°＝$\frac{1}{2}$，cos30°＝$\frac{\sqrt{3}}{2}$，可得

$$\sin75°=\sin(45°+30°)$$
$$=\frac{\sqrt{2}}{2}\cdot\frac{\sqrt{3}}{2}+\frac{\sqrt{2}}{2}\cdot\frac{1}{2}$$
$$=\frac{(\sqrt{6}+\sqrt{2})}{4},$$

$$\cos75°=\cos(45°+30°)$$
$$=\frac{\sqrt{2}}{2}\cdot\frac{\sqrt{3}}{2}-\frac{\sqrt{2}}{2}\cdot\frac{1}{2}$$
$$=\frac{(\sqrt{6}-\sqrt{2})}{4},$$

北緯75°地區到地軸的距離為地球半徑的

$$\frac{(\sqrt{6}-\sqrt{2})}{4}=0.2588\cdots\cdots倍,$$

也就是說，超過4分之1倍。順便一提，北緯66.5°以上是籠罩白夜與極夜的北極圈。察看地球儀會發現，北緯66.5°以上區域找不到大都市。 🪐

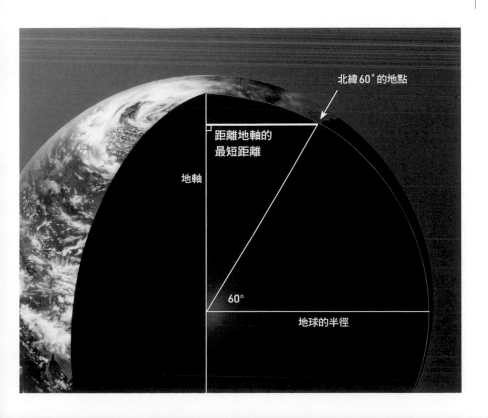

北緯60°的地點

距離地軸的最短距離

地軸

60°

地球的半徑

何謂自然對數的底數「e」?

前 面曾提到過的自然對數的底數「$e=2.71\cdots$」是什麼樣的數呢?e可表示成$2.718281828459045\cdots$小數點後不循環延續的無限小數。e和圓周率「π」等無法表示成分子、分母為整數的數,稱為「無理數」。

無理數的重要性一言難盡,先試著畫出$y=2^x$和$y=3^x$的圖形吧(下圖1和2)。

$x=0$時,兩者皆是$y=1$、通過點(0,1),但$y=2^x$的切線斜率約為0.7;$y=3^x$的切線斜率約為1.1。

亦即,2和3之間應該存在e,$y=e^x$的(0,1)切線斜率剛好為1。這個e正是$2.71828\cdots$。

在說明自然現象時,自然對數的底數是不可欠缺的重要常數,但也會出現在儲蓄題中,例如:

例題:假設A銀行、B銀行的年利率都是100%,但利息的計算有些不同。試問哪家銀行的存款獲利較多?

A銀行:一年後,存款金額加上相同金額的利息變為2倍。

B銀行:半年後,存款金額加上一半金額的利息變為1.5倍。結算後再繼續存半年,產生新存款一半金額的利息。

答案:B銀行每半年存款增為1.5倍,一年後存款變成

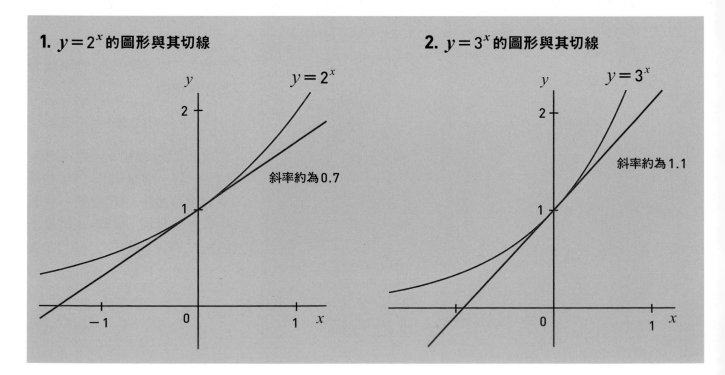

1. $y=2^x$ 的圖形與其切線

斜率約為0.7

2. $y=3^x$ 的圖形與其切線

斜率約為1.1

1.5×1.5＝2.25倍。因此，B銀行的存款獲利比較多。

接著，競爭對手C銀行竄出，祭出每三個月結算利息的方案。

C銀行：三個月（$\frac{1}{4}$年）後，存款金額加上$\frac{1}{4}$金額的利息變為1.25倍。此後，每三個月結算一次，每次都變為1.25倍。

由於三個月增為1.25倍，重複四次後變為2.44140625倍，存款獲利變得更多。

不落人後的D銀行祭出每日結算利息，每天產生$\frac{1}{365}$的利息，存款變為（$\frac{366}{365}$）倍。感覺存款會快速增長，但計算後僅為2.714567……倍。

然後，最終E銀行祭出每秒結算利息，一年後變為2.71828倍。是不是覺得好像在哪看過這個數字呢？沒錯，如此無限地細分間隔下去，最後就會得到$e=$ 2.71828……這個數字。

其實，$y＝e^x$的圖形就是描述每個瞬間結算利息時的金額增加情況。如下圖所示，A銀行的存款金額圖形，正是$y＝e^x$在（0,1）的切線。由B銀行的存款金額圖可知，從（0，1）出發前半年沿著切線上升，接著斜率變成1.25來產生後半年的利息。C銀行的圖形是每三個月改變斜率。間隔區分得愈細，愈接近$y＝e^x$的圖形。

另外，自然對數的底數 e 的「自然對數」是指，將某數置換成「e自乘幾次後為該數」的次方數。

想要正確理解 e 這個數的重要性，必須具備「函數」、「微積分」的相關知識。雖然在此不會詳細說明，但會持續強調「在數學分析自然現象、實驗結果、經濟活動等的『變化』時，e 這個數會扮演極為重要的角色」。　✑

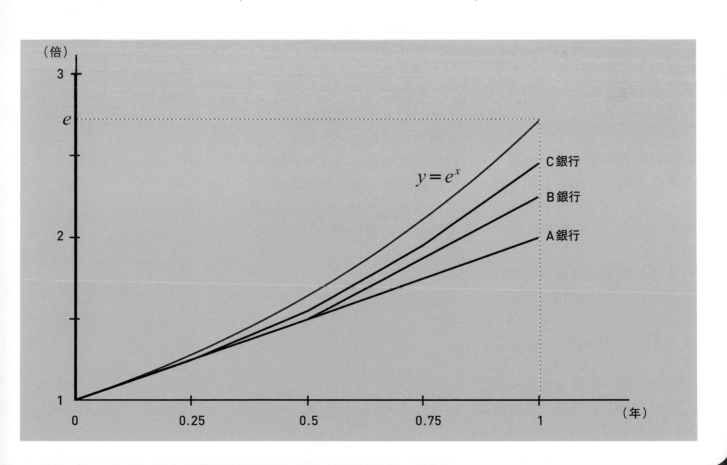

何謂圓周率「π」？

圓周率「π」取自「周圍」的希臘語「περιμετρος」（perimetros）的字頭。根據記載，最先使用符號的是英國數學家瓊斯。圓周率是圓周長度除以直徑的值，不會根據圓的大小而改變。

在直徑 R，半徑 r 的圓周 c，三者的關係可表示如下：

$$c = \pi R = 2\pi r$$

圓周率的近似值為「3.14」，但這只是近似值，實際的數值為

3.14159265358979……

跟自然對數的底數「e」一樣，小數點後出現不循環延續。然而，日常生活並不需要如此精確的數值，一般會直接使用3.14。

據說是阿基米德推導出3.14這個圓周率的近似值。阿基米德利用圓的內接與外接兩個正多邊形，求出圓周率的近似值。

也就是說，由於圓周會大於內接正多邊形的周長，但會小於外接正多邊形的周長，所以可由兩者之間的數值求出近似值。阿基米德以此方法計算正九十六邊形的周長，求得圓周率到3.14。

江戶時代的日本數學家關孝和（1642～1708），以與阿基米德相同的方法，由正13萬1072邊形的周長，求得圓周率到小數點後第十位。荷蘭數學萬柯倫（Ludolph van Ceulen，1539～1610）竟然計算了正461京1686兆184億2738萬7904邊形的周長，求得圓周率到三十五位。

後來，人們發現更有效率計算圓周率的方法，隨著電腦在20世紀的問世，能求得的圓周率位數暴增。運用超級電腦可計算超過 2 兆位，現在使用個人電腦能計算到13兆3000億位。

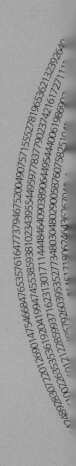

為近代數學奠基的
天才數學家歐拉

歐拉於1707年生於瑞士的巴塞爾,父親是位喜愛數學的牧師,教導歐拉數學知識。然而,父親希望歐拉成為牧師,所以歐拉在巴塞爾大學修讀了神學與希伯來語。

在巴塞爾大學,教導歐拉數學的人是白努利(Johann Bernoulli,1667～1784)。白努利有兩個兒子尼古拉(Nikolaus Bernoulli,1695～1726)與丹尼爾(Daniel Bernoulli,1700～1782),這對兄弟與歐拉成為非常要好的朋友。白努利家族是有名的書香門第。

歐拉的父親希望歐拉成為牧師,但歐拉想要繼續埋首數學的研究。白努利家族的人不斷勸說歐拉的父親,「歐拉將會成為偉大的數學家」,最後說服了他。

在當時的歐洲,學術中心不是大學,而是國王援助的皇家學院。白努利兄弟自1725年任職彼得堡科學院(現稱俄羅斯科學院,總部已從聖彼得堡遷至莫斯科)的數學教授,力邀歐拉前來。1727年,歐拉抵達彼得堡科學院後,丹尼爾

居間協調,讓他獲得數學系的職位。後來,丹尼爾因身體欠佳於1733年返回瑞士,因此,歐拉獲得了升遷,擔任數學系要職。

歐拉在聖彼得堡結婚,育有13個孩子,他在數學界也相當多產,據說寫的論文多到印刷速度跟不上,只好堆在桌上。

1741年,歐拉收到腓特烈大帝(Frederick the Great)邀約,搬到柏林。國王喜愛哲學但所知不多,歐拉則排斥哲學,受到國王揶揄,他對柏林感到厭煩,在1766年受凱薩琳二世(Catherine II)之邀,便回到聖彼得堡。

即便失明
仍舊持續研究

1735年左右,歐拉的右眼失明。更不幸的是,回復視力的手術失敗,造成左眼也跟著失明。即便如此,他仍舊持續研究。

歐拉從事多方面的工作,首先是撰寫教科書,他在1748年寫了代數、三角法、微積分學的教科書《無窮分析引論》。

《微分學原理》(1755)、《積分學原理》(1768～1770)、《找出滿足給定條件的極大極小面方法》(1744)、《力學》(1736)等教科書也很有名,對後世影響深遠。

解開下面所述的這兩個問題後,歐拉也開創了「拓樸學」(topology)。第一個問題是一筆畫問題:普魯士的柯尼斯堡被河流劃分為四個區域。為了連結這些區域,在河上架了七座拱橋。柯尼斯堡代代流傳:「若同一座橋不能走兩次,則無法走遍所有地區。」歐拉聽聞此說之後,察覺到當中隱含了重要的原理,將該原理表示成數學式,解開了這個問題。

第二個問題是多面體的問題。研究此問題的歐拉證明了「在多面體中,邊數加2的數,會是頂點數與面數的和」這項多面體定理。無論怎麼連續性地變形圖形、空間,這兩個問題本質都不會改變。這類領域的數學稱為「拓樸學」。

另外,關於歐拉帶來巨大貢獻的「變分學」(calculus of variations)問題,下列問題

可以幫助了解。「在古代的迦太基，每個男子可以擁有一天挖溝所圍起來的土地。試問挖出什麼形狀，圍起來的面積最大？」以數學的角度來說，就是「周長固定的圖形中，哪種圖形的面積最大？」答案是圓。歐拉為了一般化這類變分學的問題，推導出微分方程式。

推導出剛體、流體的運動方程式

歐拉也對虛數感興趣，將虛數的單位記為「i」，於1748年發現了被譽為「世界最美的數學式」——歐拉恆等式，可表示成「$e^{i\pi}+1=0$」。這條恆等式簡潔連結了最基本的自然數「1」、印度發現的「零」、圓周率「π」、自然對數的底數「$e=2.71\cdots\cdots$」、虛數單位「i」等重要的數。

歐拉恆等式是用「歐拉公式」的「$e^{ix}=\cos x+i\sin x$」代入圓周率 π，兩邊同加 1 所得到的式子。也就是說，歐拉公式揭示了在實數世界無關聯的

指數函數和三角函數，其實是透過虛數互為表裡的概念。對現代的科學家來說，歐拉公式是簡化各種計算時的必需品。

另外，歐拉擴張了牛頓所提出的運動方程式，推導出了適用於流體與剛體的運動方程式（Euler equations，也稱歐拉方程式），也因此使牛頓處理過的問題有進一步的推展 ✑

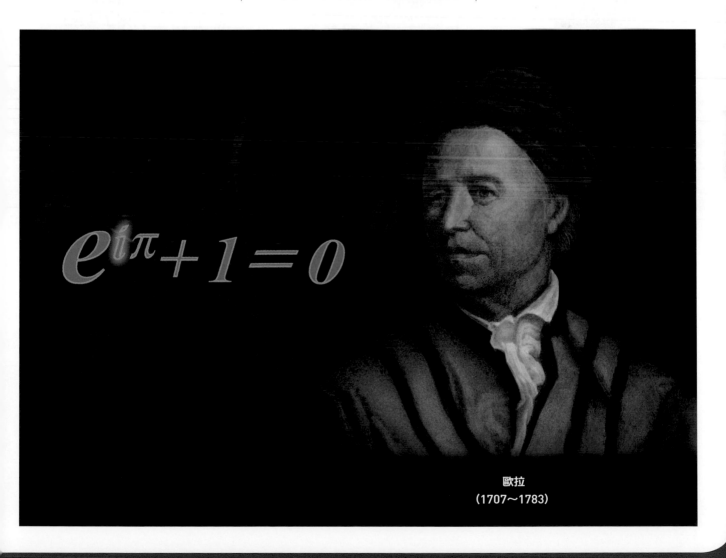

歐拉
（1707～1783）

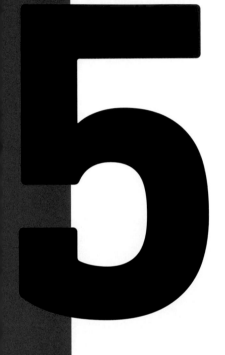

虛數與物理學

在數學的發展上，虛數扮演了重要的角色。除了數學的世界，虛數也會出現在我們生活的現實世界嗎？其實，不只是數學，虛數在解釋現實世界機制的「物理學」上，也扮演要角。第 5 章就來討論虛數與物理學的奇妙關係。

144. 光、天體與虛數

146. 四維時空與虛數 ①～②

150. 未知粒子與虛數

152. 量子力學與虛數 ①～③

158. Q&A 4
為什麼不存在的虛數
跟自然界有關？

160. Topics
量子力學與複數

166. Topics
「小林－益川理論」
與虛數

當「光的折射率」、「天體的公轉週期」皆為虛數，會發生什麼事？

從窗戶玻璃射進室內的光，其實跟虛數有些關係。光斜向通過空氣與玻璃的邊界時會產生彎折，這個現象稱為「折射」（refraction），彎折的程度取決於「折射率」（refractive index）。

折射率被定義為「物質中的光速÷真空中的光速」，因此求出的數值為實數。然而，使用帶有複數值的「複數折射率」（complex index of refraction），能同時討論折射時發生的吸收現象。複數折射率的實部為一般的折射率，虛部表示被物質（這邊是玻璃）吸收的光比例。

僅取複數折射率計算結果的實部，可得到被吸收後的折射光強度。物理學上經常使用複數表示波與振動，再擷取計算結果的實部。

「虛數年後」天體將回歸太陽系？

這裡再介紹一個出現虛數的有趣例子，就是2017年於太陽系發現的天體「斥候星」（Oumuamua）。行星、彗星以橢圓軌道繞行太陽一周的時間稱為「公轉週期」，如地球的公轉週期為1年、哈雷彗星的公轉週期為75年。

斥候星被認為是來自太陽系外，運行軌跡不是橢圓形而是「雙曲線軌道」（hyperbolic orbit）。雖然這類天體不會再次接近太陽，但是如果計算它的公轉週期，得到的數值會是虛數。

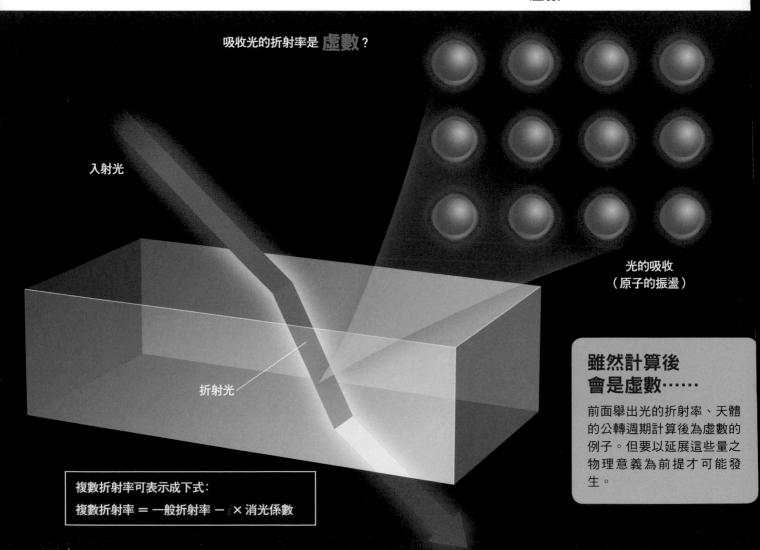

吸收光的折射率是 **虛數**？

入射光

光的吸收
（原子的振盪）

折射光

複數折射率可表示成下式：
複數折射率 ＝ 一般折射率 － i × 消光係數

雖然計算後會是虛數……

前面舉出光的折射率、天體的公轉週期計算後為虛數的例子。但要以延展這些量之物理意義為前提才可能發生。

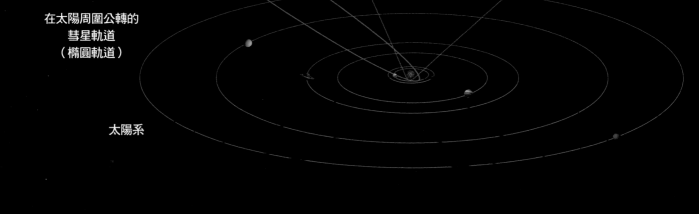

在太陽周圍公轉的
彗星軌道
（橢圓軌道）

太陽系

column 為什麼雙曲線軌道的公轉週期是虛數？

橢圓軌道的公轉週期平方，跟半長軸（橢圓的長軸半徑）的立方成正比（克卜勒第三定律）。將雙曲線軌道視為「特殊的橢圓軌道」後，半長軸在形式上會是負值，立方後也為負值，可知公轉週期的平方會是負值。因此，雙曲線軌道的公轉週期在形式上為虛數。這類含有虛數的考察研究，有助於統一理解橢圓軌道與雙曲線軌道。

斥候星的想像圖

愛因斯坦「相對論」與「畢氏定理」的奇妙關係

四維時空與虛數 ①

按 照常理，我們會覺得 1 秒、1 公尺的長度是固定的。然而，德國出身的物理學家愛因斯坦（Albert Einstein，1879～1955）構想的「相對論」（theory of relativity），顯然顛覆了常識。

當你靜止不動時，眼前呼嘯而過秒速18萬公里的太空船（如下插圖），此時你所感覺的1秒，對於在太空船中的人來說僅有0.8秒。奇妙的是，根據相對論，高速運動時的狀態與站在外部觀測的狀態，所感受到 1 秒、1 公尺的長度並不一致。

太空船前進的「四維時空的距離」是什麼？

另一方面，高速運動中的太空船內，其狀態與從外部觀測到的狀態，存在一致的量，稱為「四維距離」。四維距離指的是縱、橫、高的三維空間再

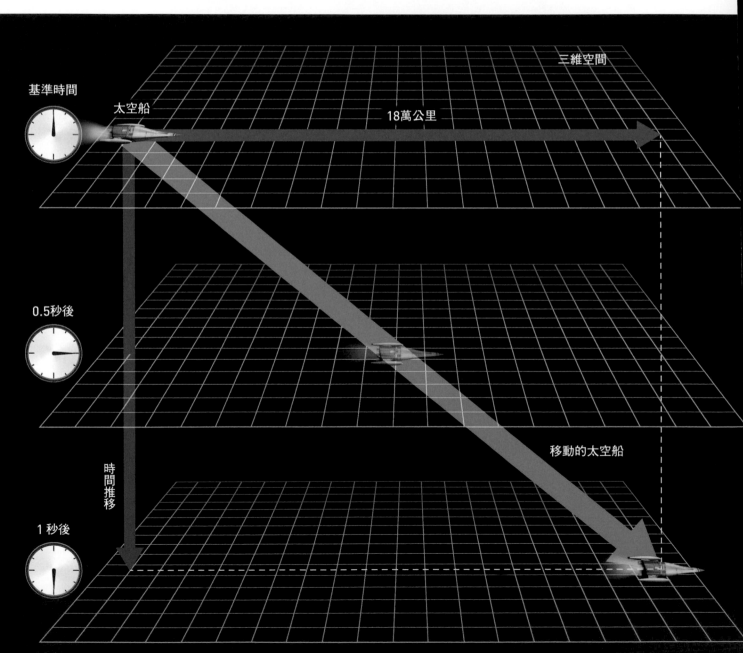

三維空間

基準時間
太空船
18萬公里

0.5秒後

時間推移

移動的太空船

1秒後

加上一維度的時間。在「四維時空」下的距離，滿足下述關係：

「四維時空的距離」平方等於三維空間的距離平方減去時間推移（換算成距離）的平方。

雖然這跟「畢氏定理」（三平方定理）非常相似，但並不相同。因為四維距離還包含了時間，無法直接套用畢氏定理。下一頁來詳細討論。

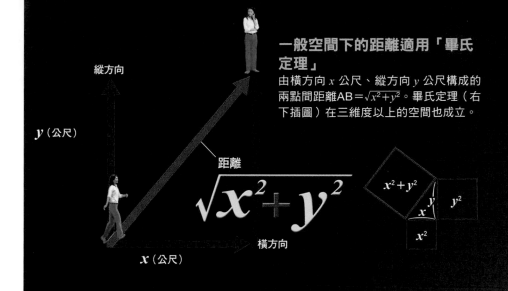

一般空間下的距離適用「畢氏定理」

由橫方向 x 公尺、縱方向 y 公尺構成的兩點間距離AB＝$\sqrt{x^2+y^2}$。畢氏定理（右下插圖）在三維度以上的空間也成立。

縱方向

y（公尺）

距離

$$\sqrt{x^2+y^2}$$

橫方向

x（公尺）

x^2+y^2　y^2　x　y　x^2

「四維距離」是什麼？

左頁是從外部靜止的角度，觀測太空船以秒速18萬公里前進 1 秒鐘的情況。右頁是太空船前進的四維距離（獨立於觀測者的量），此例子的四維距離會是虛數。

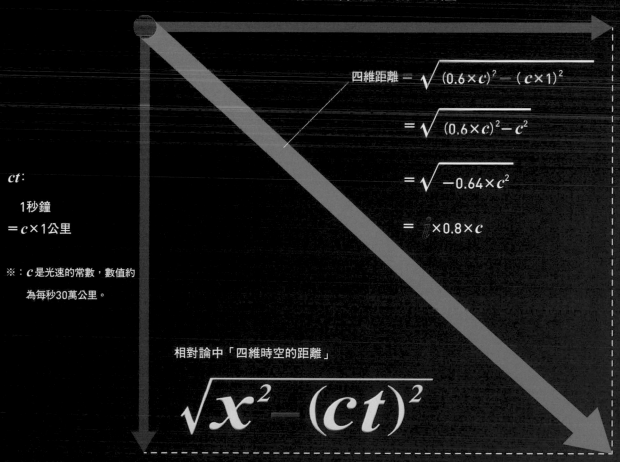

x：　18萬公里 ＝ 0.6×c公里

$$四維距離 = \sqrt{(0.6\times c)^2 - (c\times 1)^2}$$
$$= \sqrt{(0.6\times c)^2 - c^2}$$
$$= \sqrt{-0.64\times c^2}$$
$$= i\times 0.8\times c$$

ct：

　1秒鐘

　＝c×1公里

※：c是光速的常數，數值約
　　為每秒30萬公里。

相對論中「四維時空的距離」

$$\sqrt{x^2-(ct)^2}$$

愛因斯坦的預言 ——
乘上虛數的時間與空間沒有區別

一般空間的兩點間距離，只要知道座標就可由「畢氏定理」求得。然而，如前頁所述，「四維距離」因包含了時間，不適用畢氏定理。

不過，乘上虛數後情況就為之一變。教導愛因斯坦數學的閔考斯基（Hermann Minkowski，1864～1909）提出，四維時空的距離算式中，

「時間經過之平方的減法」

應該視為

「**虛數時間**之平方的加法」

如此一來，四維時空的距離算式就會變成熟悉的形式（左頁插圖）。也就是說，時間乘上虛數單位 i 後，時間與空間維度沒有區別，能使用畢氏定理計算四維距離。時間與空間的差異，或許就藏在虛數裡。

不過，閔考斯基提議的虛數時間，終究只是「數學上的技巧」。在流動著虛數時間的世界，會是加速度為負、蘋果往上掉落的世界（右頁插圖）。而我們生活的時間依然是「實數」，絕對不會是虛數。

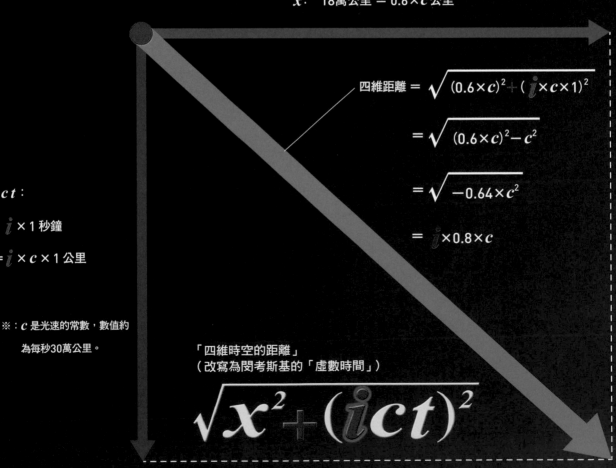

x：　18萬公里 ＝ 0.6×c 公里

四維距離 $= \sqrt{(0.6\times c)^2 + (i\times c\times 1)^2}$

$= \sqrt{(0.6\times c)^2 - c^2}$

$= \sqrt{-0.64\times c^2}$

$= i\times 0.8\times c$

ict：

i × 1秒鐘

＝ i × c × 1公里

※：c 是光速的常數，數值約
　　為每秒30萬公里。

「四維時空的距離」
（改寫為閔考斯基的「虛數時間」）

$$\sqrt{x^2 + (ict)^2}$$

愛因斯坦
（1879～1955）
僅26歲就單獨想出相對論（狹義相對論），被譽為20世紀最偉大的物理學家，推翻了長久以來屹立不搖的時空概念。

時間乘上虛數後，就能用畢氏定理求出距離

左圖表示時間乘上虛數單位 i 後，可用畢氏定理求得四維距離（獨立於觀測者的量）；右圖是流動著虛數時間的世界。由於沒有實際見過這樣的情況，可知我們生活的時間是實數時間。

實數時間

蘋果往下掉

虛數時間

蘋果往上掉

在虛數時間中，蘋果是往上掉！

牛頓力學定義「速度＝（位置的變化）÷（時間的變化）」、「加速度＝（速度的變化）÷（時間的變化）」。加速度是具有大小與方向的物理量，根據牛頓力學的運動方程式「$F=ma$」，外力（F）是加速度（a）乘上質量（m）。

　　如同上述，想要求得加速度，距離要除以兩次時間。如果時間是虛數，距離除以兩次時間的答案（加速度）會帶負號。加速度帶負號時，加速度的方向會與力的方向相反。

　　也就是說，流動著虛數時間的世界，是蘋果往上掉的世界。

迅子是實現「與過去通訊」的超光速粒子，其質量為虛數

再 來介紹一個與相對論和虛數有關的有趣話題，亦即未知粒子的「迅子」（tachyon）。

假設第146～149頁的太空船速度為每秒18萬公里，這是光在真空中的行進速度（光速約每秒30萬公里）的60％。那麼，若是進一步加速太空船，最後會達到光速，甚至超越光速嗎？

根據相對論，答案是不可能的。加速質量不為零的物體需要能量，而想要加速物體達到光速，需要無限大的能量，所以沒有辦法實現。光速可說是宇宙最快的速度。由於無法達到光速，更不可能超越光速。

然而，相對論並非否定這種超越光速的存在，由此假想出來的超光速粒子就是迅子。

迅子是速度超越光速的奇妙粒子，它的質量也很奇妙。想要滿足由相對論推導出速度與質量的關係式，迅子的質量（正確來說是靜質量）不可為實數，必須是虛數。

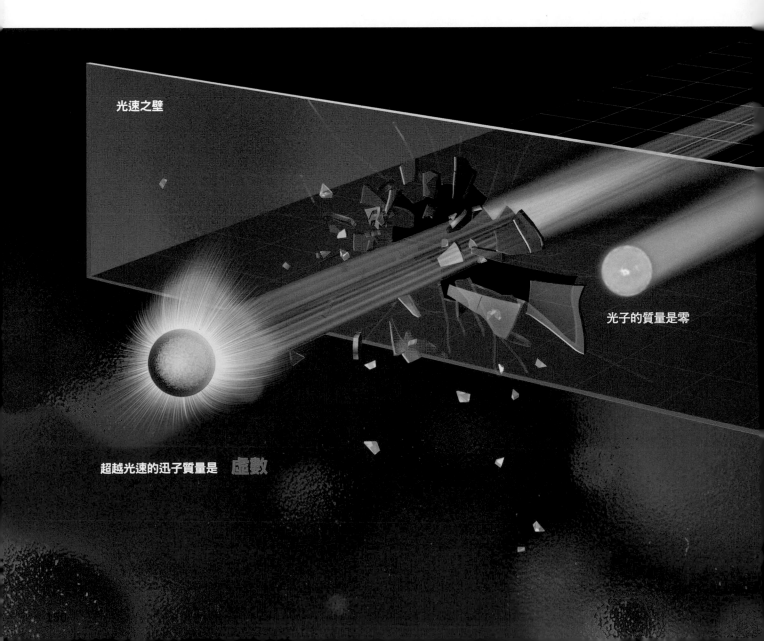

光速之壁

光子的質量是零

超越光速的迅子質量是 **虛數**

迅子能實現
與過去通訊嗎？

　　如果十年前知道這個資訊就好了……。據說，如果迅子實際存在，就有可能實現「與過去通訊」。例如，從地球向逐漸遠去的太空船，以光速的60％發射迅子來輸送訊號，接收到訊號的太空船再向地球發射迅子來回覆。此時，奇妙的事情發生了，地球收到回訊的時間點可能還早於最初發射訊號的時刻。

　　若具有虛數質量的迅子真的存在，就有可能跟科幻小說一樣實現與過去通訊。遺憾的是，目前還沒有發現迅子。多數物理學家認為，迅子終究是理論上的粒子，實際上並不存在。

迅子

光子
（光的基本粒子）

具有質量的粒子

具有質量的粒子，速度
絕對不會到達光速

突破光速之壁的迅子，
質量是多少？

左圖為比較各種粒子速度的示意圖。光的基本粒子是光子，一般不存在超越光子速度（光速之壁）的粒子，但假想粒子的迅子會突破光速之壁。光子的質量為零，而不為零的正質量粒子會比光還要慢。因此，速度快於光速的迅子質量會是虛數。

量子力學與
虛數①

穿過跨越不了的「山」時，粒子會具有「虛數的速度」？

假設有一顆球往山坡上滾動，如果山太高，球不久就會失去勢頭而停了下來，無法翻到山的另一邊。

然而，微觀世界的情況就不同了。電子等微小粒子能夠穿過理應跨越不了的山，翻越到山的另一頭。這種現象稱之為

「量子穿隧效應」（quantum tunnelling effect），可以用支配微觀世界的「量子力學」來說明。

穿過跨越不了的山的「量子穿隧效應」是什麼？

右圖是量子力學中「量子穿隧效應」的示意圖。在微觀世界，粒子能翻過本來跨越不了的高山，這個現象像是穿過隧道，因此稱為量子穿隧效應。如果以量子力學以前的力學（古典力學）計算此時的粒子速度、運動量（有關運動狀態的量），會變成虛數。

粒子本來跨越不了高山

穿過隧道的粒子，速度會變成虛數？

太陽能熠熠生輝，也是受惠於量子穿隧效應。在太陽中，兩個氫原子核碰撞產生「核融合」（nuclear fusion）。此時，帶正電的氫原子核本來會互相排斥，無法接近到發生碰撞的距離。電子核仍舊發生碰撞，是因為氫原子核透過量子穿隧效應穿過了「本來應該跨越不了的能量山」。在陽光下生活的我們，每天都享受著量子穿隧效應的恩惠。

量子穿隧效應中也出現了虛數。當微粒子透過量子穿隧效應穿過牆壁後，該粒子的速度（正確來說是運動量）會變成虛數。不過，這是勉強以量子力學以前的力學（古典力學、牛頓力學），解釋量子力學所產生的結果。

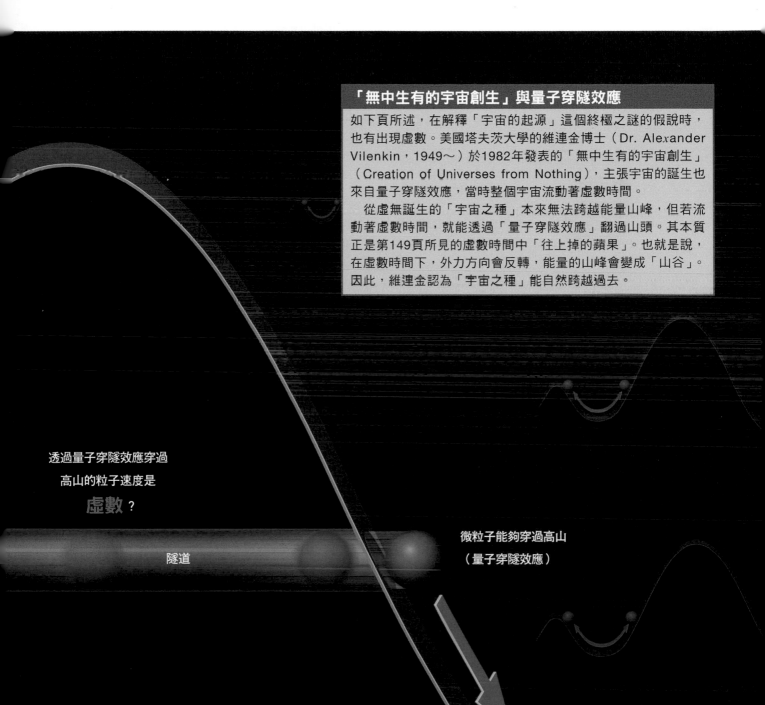

「無中生有的宇宙創生」與量子穿隧效應

如下頁所述，在解釋「宇宙的起源」這個終極之謎的假說時，也有出現虛數。美國塔夫茨大學的維連金博士（Dr. Alexander Vilenkin，1949～）於1982年發表的「無中生有的宇宙創生」（Creation of Universes from Nothing），主張宇宙的誕生也來自量子穿隧效應，當時整個宇宙流動著虛數時間。

從虛無誕生的「宇宙之種」本來無法跨越能量山峰，但若流動著虛數時間，就能透過「量子穿隧效應」翻過山頭。其本質正是第149頁所見的虛數時間中「往上掉的蘋果」。也就是說，在虛數時間下，外力方向會反轉，能量的山峰會變成「山谷」。因此，維連金認為「宇宙之種」能自然跨越過去。

透過量子穿隧效應穿過
高山的粒子速度是
虛數？

隧道

微粒子能夠穿過高山
（量子穿隧效應）

宇宙誕生時，流動著「虛數時間」？

英國宇宙物理學家霍金指出，根據相對論，宇宙必須始於密度無限大的奇點（奇點定理，singularity theorems）。對物理學家來說，奇點的存在是煩惱的源頭，因為我們無法查證宇宙誕生的瞬間發生了什麼事情。

於是，為了討論初期的微宇宙，霍金將量子力學導入相對論，研究宇宙的起源。

宇宙的起源沒有「邊端」？

根據量子力學顯示，微粒子也具有波的性質，粒子的狀態是以「波函數」（wave function，下頁數學式的 ψ）來表示。

霍金試圖使用波函數，描述壓縮到微觀尺寸的整個宇宙，藉以調查宇宙的行為。不過，為此須要先決定波的端點，也就是如何設定宇宙邊端（在此是宇宙的起源）的邊界條件。霍金提出了劃時代的想法，假設邊界條件是「宇宙沒有邊端（邊界）」，這樣一來，就能去除宇宙起源上的麻煩存在──奇點（singularity）。

那麼，「宇宙沒有邊端」是什麼意思呢？霍金認為在宇宙誕生時流動的不是普通的時間（實數時間），而是「虛數時間」，在這種特殊的時間下，時間和空間沒有區別，不曉得什麼地方是邊端。這稱為「無邊界條件」（no boundary conditions）。

霍金主張，宇宙誕生自這種時空沒有區別的狀態，在某個時間點開始流動普通的時間後，體積急速膨脹，最終演變成現在的宇宙。雖然霍金在過世前提交的最後一份報告，違背了自己當初於1983年提出的無邊界理論，但事實究竟如何，還有待各方科學家孜孜不倦的努力。

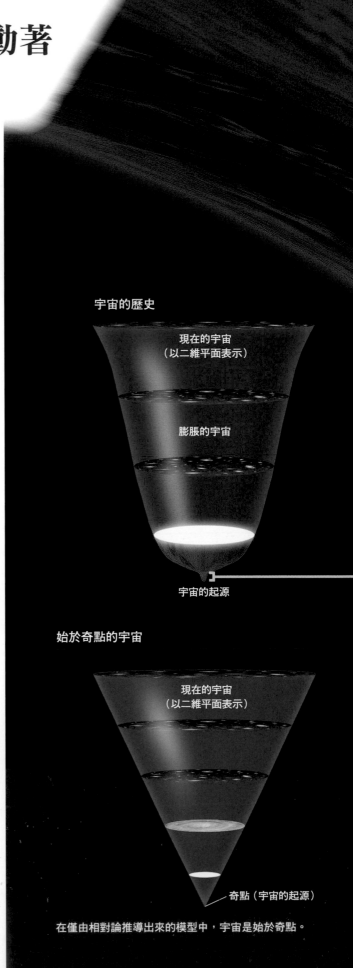

宇宙的歷史

現在的宇宙
（以二維平面表示）

膨脹的宇宙

宇宙的起源

始於奇點的宇宙

現在的宇宙
（以二維平面表示）

奇點（宇宙的起源）

在僅由相對論推導出來的模型中，宇宙是始於奇點。

始於「虛數時間」的宇宙

左邊是宇宙的起源導入「虛數時間」的示意圖，在不考慮奇點下的宇宙誕生。霍金的宇宙進化論（cosmogony，又譯為天體演化學）主張，宇宙初期流動著虛數時間，是空間與時間沒有區別的世界，這樣的狀態在某個時間點開始流動普通的時間後，急速膨脹成現在的宇宙。霍金博士與共同研究者哈托在1983年發表無邊界條件的理論。

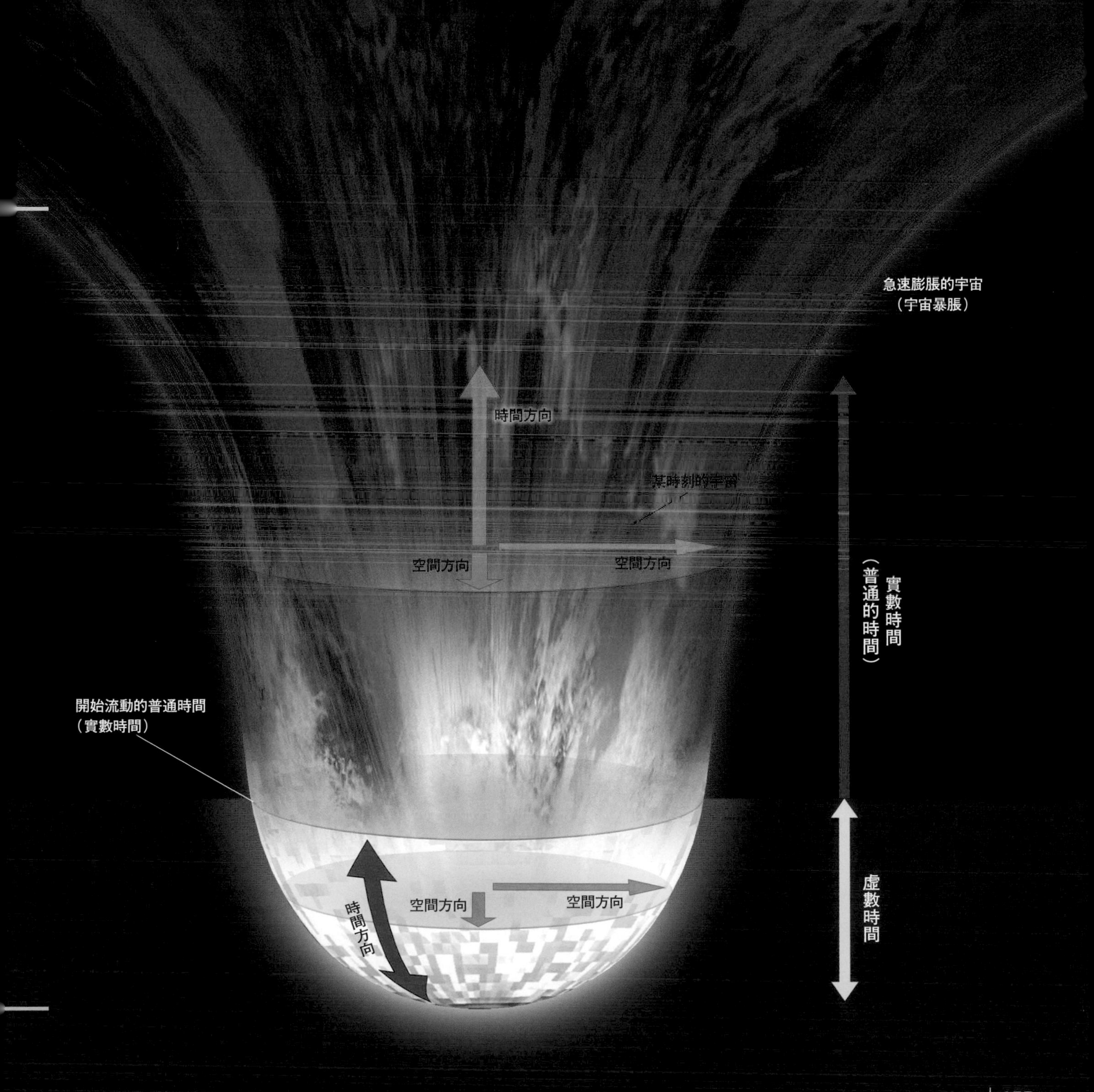

急速膨脹的宇宙
（宇宙暴脹）

時間方向

某時刻的宇宙

空間方向　　　　空間方向

實數時間
（普通的時間）

開始流動的普通時間
（實數時間）

時間方向

空間方向　　　空間方向

虛數時間

量子力學的基礎方程式含有虛數 i，虛數也是現代物理學的根基

如今，全世界都在爭相開發「量子電腦」（quantum computer）。量子電腦是運用量子力學設計而成的全新型態電腦。傳統電腦的訊息基本單位（位元）是「0 或 1」，而量子電腦中相當於位元的單位（量子位元），處於「既是 0 也是 1」的特殊狀態。因為這項性質，量子電腦能進行極高速的運算。

作為量子電腦基礎的量子力學，跟虛數（複數）有著密切的關係。前面所介紹的大多是一般的計算，相對論等物理理

量子力學需要藉由虛數才能成立

薛丁格方程式是量子力學基礎方程式，在方程式的左邊開頭放置了虛數單位 i。求解這條方程式，能得到符號記為 Ψ（希臘文字的 Psi）的「波函數」。波函數帶有複數值，由絕對值的平方可知檢測出哪些狀態的粒子的機率有多大。

虛數單位

薛丁格
（1887～1961）
建構量子力學基礎的理論物理學家。他也以提出量子力學的思考實驗「薛丁格的貓」而聞名。1944年出版的《生命是什麼？》（What is Life？）是以理論物理學的立場探討生命，催生了後世的分子生物學（molecular biology）。

論本身並不需用到虛數。然而，量子力學在現代物理學中扮演極為重要的角色，其理論少不了虛數。

虛數支撐著最先進的科技

為什麼量子力學少不了虛數呢？下述數學式是奧地利物理學家薛丁格提出的量子力學基礎方程式「薛丁格方程式」（Schrödinger equation）。觀看薛丁格方程式會發現，左邊開頭放置了虛數單位 i。也就是說，量子力學的基礎方程式是以虛數存在為前提。

前面提到量子電腦的量子位元是「既是 0 也是 1」，如果以機率來表示是 0 或 1，0 的機率為30％，1 的機率為70％，控制機率的就是含有虛數的薛丁格方程式。如今，虛數已經成為智慧手機、個人電腦、量子電腦等先進科技不可欠缺的要素。　　　　　　　🪐

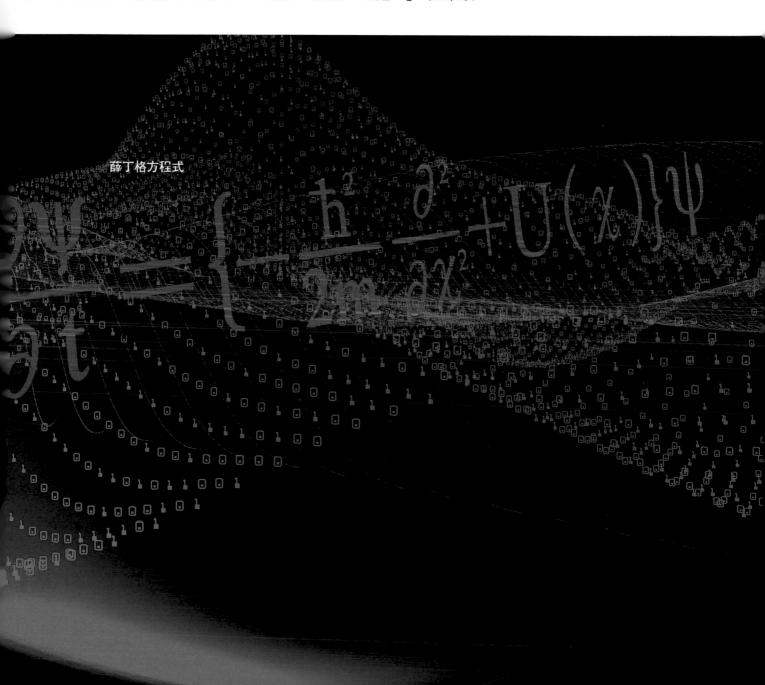

薛丁格方程式

$$i\hbar\frac{\partial}{\partial t}\psi = \left\{-\frac{\hbar^2}{2m}\frac{\partial^2}{\partial x^2}+U(x)\right\}\psi$$

Q4 為什麼不存在的虛數跟自然界有關？

Q 第157頁提到「量子力學的基礎方程式是以虛數存在為前提」、「虛數已經成為智慧手機、個人電腦、量子電腦等先進科技不可欠缺的要素」，自然界中不可能存在的虛數跟實際的世界息息相關，這完全純屬巧合嗎？

A 我們不會看到「i個蘋果」或「i公斤金塊」，虛數是無法對應「物體個數」、「量」的數。因此，描述「現

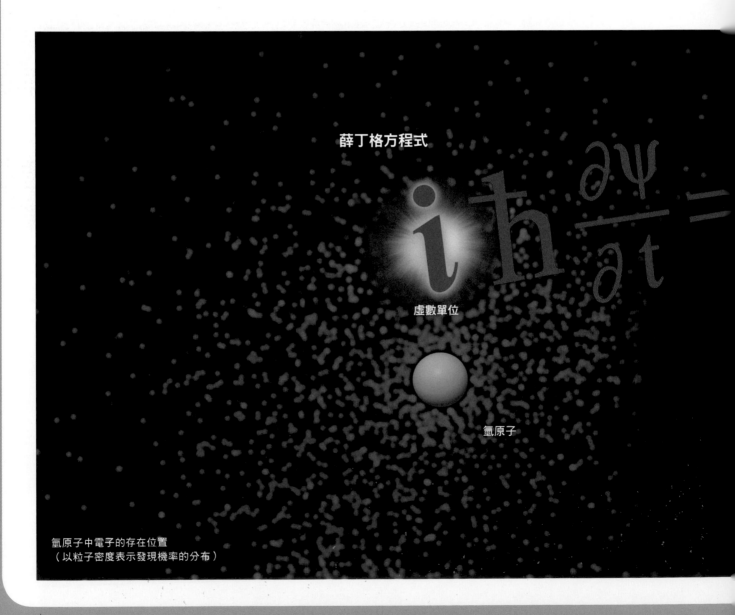

薛丁格方程式

$$i\hbar \frac{\partial \psi}{\partial t} =$$

虛數單位

氦原子

氦原子中電子的存在位置
（以粒子密度表示發現機率的分布）

實世界」的物理學出現虛數，令人覺得不可思議。

這跟「負數」的情況類似。我們不會看到「負3個蘋果」、「負3公斤金塊」，不僅是虛數，負數也是無法對應物體個數、量的數。當然，物理學必須用到這樣的負數。因為光靠僅承認正數的狹隘數學，無法解釋物理學。

表示虛無「0」也一樣，自然界並不存在「0個蘋果」。然而，不承認0的數學，也無法詳細描述自然界。

整體來看，「數」並非全是直接存在於自然界的事物，而是人類為了描述自然界，在腦中所建構出來的「模型」或「概念」。就這個意義來看，數可說是一種「語言」。相較之下，物理學則是「使用數學這個語言，描寫發生於自然界法則的行為」。

邁入20世紀後，人類透過名為複數的語言，邂逅了更為自然更簡潔的自然界規則，亦即支配微觀世界的量子力學。虛數與實際世界有關，或許並非偶然吧！ 🪐

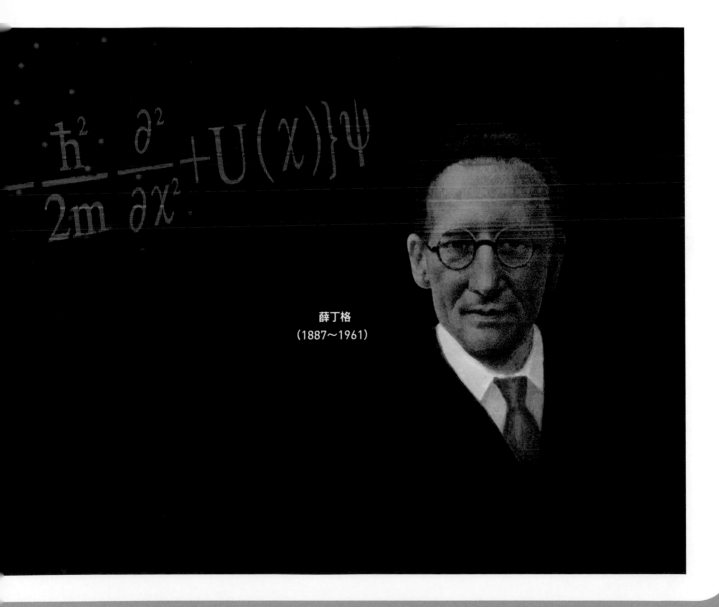

$$-\frac{\hbar^2}{2m}\frac{\partial^2}{\partial x^2}+U(x)\}\psi$$

薛丁格
（1887～1961）

為什麼量子力學中會出現複數？

支配微觀世界現象的量子力學必須用到虛數和複數，作為量子力學基礎的薛丁格方程式包含了虛數，量子力學的成立也是以虛數、複數存在為前提。為什麼量子力學中會出現僅存在於想像中的虛數呢？

撰文：**和田純夫**
原日本東京大學專任講師

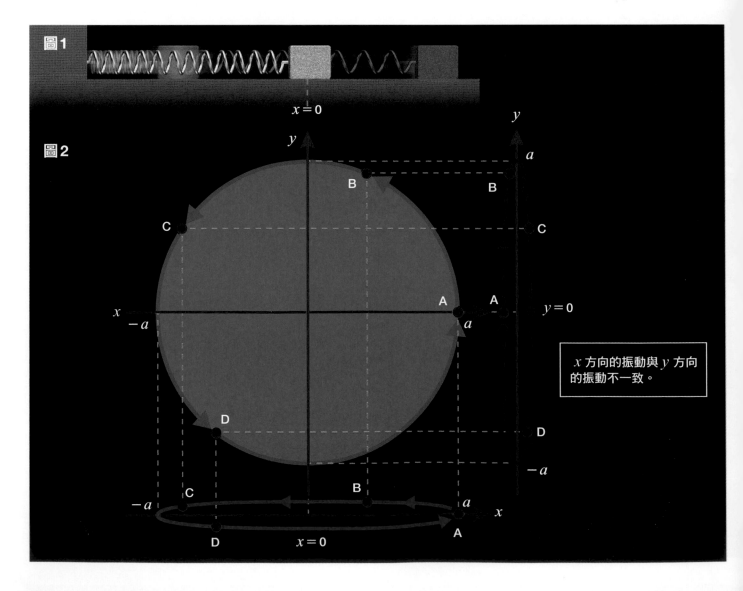

圖1

圖2

$x = 0$

y

y

a

B

B

C

C

A A

x

$-a$

a

$y = 0$

> x 方向的振動與 y 方向的振動不一致。

D

D

$-a$

$-a$

C

B

a

x

D

A

$x = 0$

160

在20世紀量子力學問世之後，世人才瞭解虛數、複數是物理上不可欠缺的概念。雖然在此之前出現的相對論可使用虛數來幫助討論（閔考斯基的提議。參見第148頁），但如果僅用來改變距離公式的正負號，使其較為容易理解，虛數並非唯一的選擇。

一般來說，當某量X為虛數時，乘上i的iX會是實數，如果把X改成iX，就能僅以實數來處理。然而，當X是實數加上虛數的複數，轉為iX仍舊是複數，就沒辦法只以實數處理。

在時間可能是實數或虛數的霍金理論中，也會遇到同樣的情況（即便是霍金理論，某些複雜的情況下，時間會是複數），當X不是單純的實數或虛數，而是複數時，便無法避開虛數。

彈簧的振動

量在量子力學中，會出現複數的振動和複數的波。這些量究竟是什麼意思？為什麼必須使用複數？先將物理問題留到後面，這些量表示成數學式會發生什麼事？

首先來看彈簧的振動。假設彈簧置於無摩擦力的水平面上，前端連結的物體左右來回運動（圖1），以橫向為x軸，運動的中心為$x=0$。

這是最普通的振動，但已知這項動作與圓周運動（circular motion）密切相關。假設xy座標上有著半徑為a的圓，物體在圓周上等速運動（圖2）。物體由A開始運動，經由B、C、D後回到A。

各時刻的物體位置能以x座標和y座標表示，試著僅取出其中的x座標。A的x座標是$x=a$，當物體往B方向移動，x座標會逐漸減少，一直到$x=-a$，又開始逐漸增加，返回A的x座標$x=a$。

x座標的移動跟連接在彈簧上的物體運動一致。當然，改成y座標也會得到一樣的答案，出發點的A是$y=0$，增加到$y=a$後減少，回到$y=0$，再繼續減少變成$y<0$，之後開始增加回到A的$y=0$。

不過，要注意x方向的振動和y方向的振動不一致，當x為最大值a時，$y=0$；當$x=0$時，y會是最大值a。

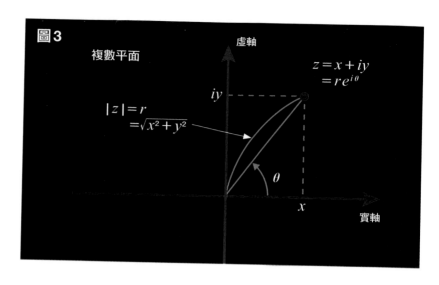

圖3

複數平面

虛軸

$z=x+iy$
$=re^{i\theta}$

iy

$|z|=r$
$=\sqrt{x^2+y^2}$

θ

x

實軸

複數平面與歐拉公式

以上是實數的振動情況，在此基礎上說明複數的振動。複數是實數與虛數的組合，可寫成下述的式子：

$$z=x+iy$$

其中，x、y為實數，x為z的「實部」，iy為z的「虛部」。

複數在複數平面上可表示成橫軸為x、縱軸為y的點（圖3）。複數平面幾乎與xy平面相同，若將其視為xy平面，各點表示兩個座標（x，y）指定的點；若將其視為複數平面，則各點表示複數$z=x+iy$。

z可用絕對值r和角度來表示，絕對值（記為$(|z|)$是與原點的距離：

$$|z|=r=\sqrt{x^2+y^2}$$

θ是與實軸方向所夾的角度

離是固定的，軌道的長度（周長）也為定值，即便套用波長固定的波，波未必會完全沿著軌道運動。如圖所示，波運動軌跡通常是上上下下，繞行一圈後會出現偏離（**圖7-a**）。

然而，在特殊的情況下，波繞行一圈後會正好回到原來的位置，完整連接起來（**圖7-b**）。德布羅意主張，這就是現實中電子呈現的狀態。完整連接一個波長的軌道，或是完整連接兩個波長的軌道，決定了分散且不連續的可能軌道。

實際上，德布羅意提出想法後不久，薛丁格構想的量子力學也認為電子可用波來表示，以相似的機制決定可能的狀態。

波在量子力學中的意義

那麼，波究竟是什麼呢？它肯定是用來決定電子能量的數學工具，但卻又不像水波、聲波等有確實在運動的實體。

雖然聽起來很抽象，在此還是稍微說明。量子力學跟過往的粒子理論（particle theory）全然不同，各時刻的粒子處於什麼位置並不固定，即便只有一顆粒子，也同時存在多種不同的狀態（又稱為疊加態，superposition state）。

雖說如此，所有的狀態並非同等共存。狀態的「共存」（coexistence）有大小之別，將各位置的共存度排列後，就會呈現波的形狀。排列後的波通常不是以正數，而是以複數來表示。

另外，想要檢測排列後以波表示的粒子時，無法決定探測哪個位置，但已知各位置偵測出粒子的機率（probability of detection，可偵測機率），與該位置的波絕對值平方成正比。因為是絕對值，所以偵測機率會是正數。

話說回來，明明偵測機率是實數，為何波卻必須是虛數呢？雖然這是量子力學基礎方程式的求解結果，但沒有更為直覺、容易理解的說明嗎？

量子力學中，波是複數的振動

為了簡單起見，如**圖 8**討論電子被關在一維空間AB時的波。因為存在A和B的障壁，電子僅能存在AB之間，但處於哪個位置並不固定。AB間各個位置的狀態共存，該共存呈現出

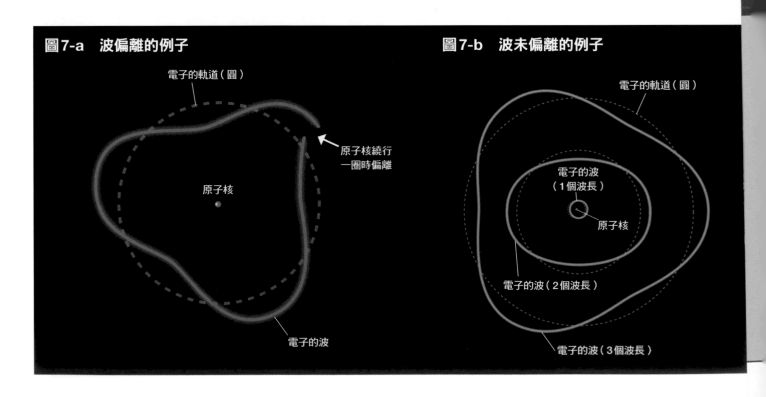

圖7-a 波偏離的例子

電子的軌道（圓）

原子核繞行一圈時偏離

原子核

電子的波

圖7-b 波未偏離的例子

電子的軌道（圓）

電子的波（1個波長）

原子核

電子的波（2個波長）

電子的波（3個波長）

波的形狀。然而，波必須完整才行，如同德布羅意的主張，波形必須是正好能放進ＡＢ之間。如圖8所示，最簡單的是僅有一個波峰的波。

不過，任何波都一樣，波不是一直維持靜止的波形，必須不停振動。那麼，波是怎麼振動的呢？

如果這是緊繃的弦振動（string vibration），波會是可用實數來表示的上下振動。然而，電子波的振動以實數來描述會產生問題，實數的振動存在波為零的瞬間（以弦的振動來說，就是弦變為水平的瞬間）。若是電子的波表示成偵測機率，此瞬間的偵測機率在ＡＢ之間都會是零。但如果這個波表示為單一電子的狀態，必定能夠偵測出來。

然而，電子的波是表示成「共存」這個抽象的量，不一定是實數。如果該振動是如同最初說明的複數振動，結果不但不會是零，其絕對值也會是固定的數值。也就是說，即便這個波在振動，任意時刻的偵測率分布會呈現固定的狀態。

由此就能瞭解，為什麼量子力學基礎方程式的薛丁格方程式會出現虛數單位 i。雖然會談到數學的內容，但運用指數函數的微分公式，就能瞭解其中的緣由。例如，指數函數 $y = e^{at}$（a 為常數）的微分是

$$\frac{dy}{dt} = ae^{at}$$

前面加上係數 a。複數振動時，表示振動的部分是 $y = e^{-i\omega t}$（習慣上會使用圖6的右旋式子），微分後為

$$\frac{dy}{dt} = -i\omega e^{-i\omega t}$$

（上式的 a 代入 $-i\omega$）。這個形式也出現在薛丁格方程式的左邊（圖9的 $\frac{\partial \phi}{\partial t}$），但右邊卻是實數。為了讓兩邊等號成立，左邊必須乘上 i 轉為實數。也就是說，

$$i\frac{dy}{dt} = i \times (-i\omega e^{-i\omega t})$$
$$= \omega e^{-i\omega t}$$

係數變為實數。這就是薛丁格方程式必須出現 i 的理由。

更進一步來說，振動以複數表示的話，波形本身（圖7、圖8所畫的波）也可以不是實數而是複數。於是，人們發現複數的波比較符合一般情況。求解薛丁格方程式所得到的電子波，通常會是複數的波。　🪐

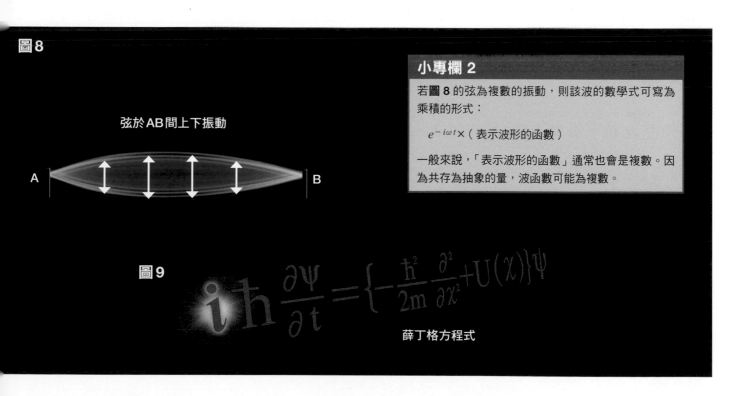

圖8

弦於ＡＢ間上下振動

A　　　　　　　　　　B

小專欄 2

若圖8的弦為複數的振動，則該波的數學式可寫為乘積的形式：

　$e^{-i\omega t} \times$（表示波形的函數）

一般來說，「表示波形的函數」通常也會是複數。因為共存為抽象的量，波函數可能為複數。

圖9

$$i\hbar\frac{\partial \psi}{\partial t} = \left\{-\frac{\hbar^2}{2m}\frac{\partial^2}{\partial x^2} + U(x)\right\}\psi$$

薛丁格方程式

「小林－益川理論」中，虛數也頻繁出現

2008年10月7日，日本理論物理學家南部陽一郎（已故）、日本高能加速器研究機構特別榮譽教授小林誠、以及日本京都大學名譽教授益川敏英，共同獲得諾貝爾物理學獎。以數學解釋宇宙初期的反粒子消滅之謎的「小林－益川理論」當中，也出現了虛數。接著就來解說小林－益川理論的概要，以及與虛數的關聯。

撰文 ┊ 和田純夫
原日本東京大學專任講師

19 世紀之前的物理學是實數的世界。物體的位置、速度、力皆是以實數表示，水、聲音的波也可用實數（三角函數，參見第118～119頁、第134～135頁）表示。然而，20世紀後登場的量子力學，如同前面所介紹的，是複數的世界，描述粒子狀態的「波函數」（ψ）通常是含有虛數的複數。

為什麼反粒子消失了？

根據量子力學與相對論，可知

小專欄1

舉例來說，已知有$3+2i$這個複數，則轉變虛數部分正負號的$3-2i$為共軛複數（complex conjugate）。一般來說，當複數A為$a+bi$（a、b為實數）時，共軛複數（$a-bi$）會記為A*。若複數A等於其共軛複數A*，則由$a+bi$＝$a-bi$可知$b=0$，A會是實數。

這個世界中的粒子（「電子」、「質子」等等）存在與之相對的「反粒子」（antiparticle），如與質子相對的「反質子」（antiproton）、與電子相對的「反電子」（antielectron，或稱正電子）。因為量子力學是複數的世界，粗略來說，假設粒子的複數為「ψ」，則反粒子會是對應的共軛複數（參見**小專欄1**）「ψ^*」。正因為ψ是複數，因此才會出現反粒子。

電子、質子聚集形成「原子」，原子聚集形成「物質」；而反粒子聚集形成「反原子」，反原子聚集形成「反物質」。反粒子、反原子全都能夠在實驗室中製造出來。

然而，我們的日常世界當中並不存在反粒子或反原子（註：我們的身邊周遭充滿「微中子」（neutrino）的反粒子「反微中子」（antineutrino），但微中子、反微中子都不是我們能感覺到的粒子）。我們世界中的事物大部分是由粒子構成的物質所組成。

這是非常不可思議的事情。理論上，粒子和反粒子是同等的關係，因為是相對於粒子而稱為「反粒子」，但是從反粒子的角度來看，粒子才是（相對於自己的）反粒子。學者認為，宇宙誕生時產生大量的粒子和反粒子，而且兩者肯定是成對生成。在現今的實驗室也是如此，粒子產生的同時肯定也會產生對應的反粒子。既然如此，為什麼現在我們的世界卻找不到反物質呢？

粒子和反粒子是成對生成，兩者相撞後成對消滅（同時產生電磁波），超高溫的初期宇宙大量生成粒子及反粒子，後來隨著宇宙的溫度下降而彼此消滅，粒子稍微殘存一些，形成現今的宇宙